Orar 15 dias com
São Paulo

MICHEL QUESNEL

Orar 15 dias com
SÃO PAULO

Ano Paulino

EDITORA SANTUÁRIO
Aparecida-SP

DIRETOR EDITORIAL:
Marcelo C. Araújo

EDITORES:
Avelino Grassi
Márcio F. dos Anjos

COORDENAÇÃO EDITORIAL:
Ana Lúcia de Castro Leite

TRADUÇÃO:
Antônio Bicarato

REVISÃO:
Ana Lúcia de Castro Leite

DIAGRAMAÇÃO E CAPA:
Alex Luis Siqueira Santos

ILUSTRAÇÃO DA CAPA:
Retrato fictício de São Paulo,
mosaico de Ravenne

Título original: *Prier 15 jours avec Saint Paul*
© Nouvelle cité 2008
Domaine d'Arny
91680 Bruyères-le-Châtel
ISBN 9782853135504

**Dados Internacionais de Catalogação na Publicação (CIP)
(Câmara Brasileira do Livro, SP, Brasil)**

Quesnel, Michel
 Orar 15 dias com São Paulo / Michel Quesnel; [tradução Antônio Bicarato]. – Aparecida, SP: Editora Santuário, 2008. (Coleção Orar 15 dias, 16)

 Título original: Prier 15 jours avec Saint Paul.
 Bibliografia.
 ISBN 978-85-369-0143-5

 1. Espiritualidade 2. Orações 3. Paulo, Apóstolo, Santo I. Título. II. Série.

08-09727   CDD-248.32

Índices para catálogo sistemático:
1. Oração: Cristianismo 248.32

Todos os direitos em língua portuguesa
reservados à **EDITORA SANTUÁRIO** — 2008

Composição, impressão e acabamento:
EDITORA SANTUÁRIO - Rua Padre Claro Monteiro, 342
Fone: (12) 3104-2000 — 12570-000 — Aparecida-SP.

Ano: 2012 2011 2010 2009 2008
Edição: 9 8 7 6 5 4 3 2 1

INTRODUÇÃO

Quando se pensa em São Paulo, imediatamente vem à mente o apóstolo dos pagãos, de zelo incansável, que inteiro se desgasta pelo serviço do Evangelho e pela fundação de novas Igrejas. Pensa-se no convertido, perseguidor até há pouco, arrebatado por Jesus no caminho de Damasco e que se transformou em grande servidor de seu novo mestre. Pensa-se no autor das epístolas, tidas como difíceis de ler, mas das quais se podem extrair textos maravilhosos, como o hino à caridade que se costuma ouvir nas igrejas por ocasião da celebração do matrimônio. O que menos se pensa é no homem de oração, no místico, naquele que se retirava no silêncio de um quarto para interiorizar uma existência tão cheia de projetos e tão rica de acontecimentos.

No entanto, a oração é onipresente nos escritos do Apóstolo, e ali está sob variadas formas: louvor, súplica, ação de graças... Numerosas passagens de suas cartas podem facilmente servir de base para a oração de homens e mulheres de nossos dias. Em Paulo, que não hesitou escrever: *"Sede meus imitadores, como eu o sou de Cristo"* (1Cor 11,1), encontrarão uma espécie de modelo. E tanto mais facilmente terão como se nutrir da oração quanto as situações em que Paulo esteve implicado se assemelham a situações que nos podem ser familiares. O Império romano foi um dos primeiros esboços históricos da globalização; uma globalização da qual eram excluídos os povos chamados bárbaros, que habitavam ao redor do Império, e que acabou com as fronteiras de muitos antigos reinos.

Paulo, assim como muitos hoje, possuía dupla cultura, a judaica e a grega. Essa é uma das razões da riqueza e, ao mesmo tempo, da complexidade de seu pensamento. Pode-se até ter a ousadia de dizer que ele é muito moderno.

Este livro pode, pois, ao mesmo tempo, ser a base para quinze dias de oração em companhia do Apóstolo e ajudar a adquirir certa familiaridade com um autor do Novo Testamento tido como de difícil entendimento, desagradável às vezes, e até intragável.

Para que a pessoa do Apóstolo seja verdadeiramente nosso guia, nossa escolha limitou-se a textos das epístolas reconhecidas por todos os exegetas como seguramente dele, não nos ocupando daquelas cuja autenticidade é menos reconhecida, redigidas, talvez, por discípulos seus.

Trata-se, segundo a ordem provável de suas redações, das seguintes epístolas: primeira aos tessalonicenses, primeira e segunda aos coríntios, aos gálatas, aos romanos e aos filipenses. A autenticidade do breve recado a Filêmon também está fora de qualquer suspeita, mas ali não encontramos passagens tão ricas para servir de base para a oração como as que encontramos nas seis cartas nomeadas acima.

Dividimos cada capítulo, depois de citar o texto que servirá de suporte para a meditação e a oração, em três partes:

– Um parágrafo curto, intitulado *Para entender,* situa a passagem escolhida dentro da epístola de onde foi extraída, e, às vezes, situa toda a epístola no contexto histórico em que foi escrita. Essa maneira de agir nos pareceu necessária pelo fato de uma epístola paulina ser uma obra de conjunto: ela foi feita, em princípio, para ser lida inteira; há qualquer coisa de artificial em isolar uma passagem. Situada em seu contexto, ela fala mais.

– A segunda parte, a mais longa, é denominada *Leitura meditada.* Ela ajuda o leitor a penetrar no pensamento do Apóstolo e disso tirar proveito para sua vida. É uma leitura entre outras tantas possíveis. Cada um é convidado a construir a sua.

– Enfim, concluímos cada capítulo com *Uma oração* voltada para Deus ou para Cristo. Também aí, nada queremos impor, mas sabemos que nem sempre é fácil formular uma oração a partir de um texto e de uma leitura meditada. Por isso, quisemos ajudar o leitor.

É com a maior boa vontade que reparto minhas descobertas, eu que há muitos anos trabalho apaixonadamente os textos de Paulo. Desejo que meu leitor descubra, ou redescubra, o Apóstolo, que viva uma rica experiência espiritual, e encontre, nesta obra, um alimento consistente para sua vida cotidiana, a serviço do Evangelho, de sua família, da cidadania, dos pobres e excluídos, de todo aquele que, em nosso mundo, vale que se lhe consagre algum esforço.

DE PERSEGUIDOR A TESTEMUNHA

Para escrever uma biografia de São Paulo, dispõe-se de duas fontes principais: suas epístolas e os Atos dos Apóstolos, conforme o prólogo da obra de Lucas. As duas fontes se complementam; às vezes se contradizem. É preciso, pois, delas fazer uma análise crítica, tendo em conta os objetivos de cada autor. Em suas cartas, Paulo tem a tendência de se justificar quando atacado. Já os Atos dos Apóstolos falam constantemente de uma Jerusalém que ocupa um lugar central no qual Pedro e Paulo são apresentados de maneiras justapostas. Embora não com total segurança, é possível conhecer a vida de Paulo com alguma precisão.

A família de Paulo morava em Tarso, capital da província romana da Cilícia, ao sul da Turquia atual. Judeu de nascença, ele pertencia à tribo de Benjamim. Seu nome hebreu, Saul (pronuncia-se Chaul), é o mesmo que o do primeiro rei de Israel, antecessor de David, o homem mais célebre dessa tribo. Paulo era, portanto, um judeu da

Diáspora. O grego, língua em que ele redige suas cartas, era sua língua materna. Desde a infância, viu-se envolvido por duas culturas, a judaica e a grega, o que explica a riqueza e a complexidade de seu pensamento.

Não se sabe a data de seu nascimento. Uma estimativa razoável o faz nascer no ano 5 ou 6 de nossa era. Quer a tradição que parte de seus estudos ele os fez em Jerusalém e que teve por mestre o rabino Gamaliel, reconhecido especialista nas Escrituras judaicas. Mas aprendeu também um trabalho manual: fabricante de tendas e de toldos, ofício que desempenhará ao longo de suas viagens, para ganhar a vida e não ser um peso para as comunidades que funda.

Quando aparece nos Atos dos Apóstolos, Paulo é aquele que, em Jerusalém, guarda as roupas dos que participam do apedrejamento de Estêvão, um ajustamento de contas que culmina na morte do primeiro mártir do cristianismo. Sua hostilidade com relação aos discípulos de Jesus de Nazaré, crucificado pelos Romanos alguns anos antes, é total. Pouco mais à frente, a narração dos Atos mostra-o no caminho para Damasco, munido de cartas dos sumos sacerdotes de Jerusalém, que o autorizavam a fazer prisioneiros os discípulos de Cristo que freqüentavam as sinagogas dessa cidade. Isso confirma sua própria confissão de ter "perseguido a Igreja de Deus".

Foi ali que ele viveu seu "caminho de Damasco", para retomar a expressão que o acontecimento consagrou. O Cristo ressuscitado lhe apareceu e o convenceu de seu erro. Ele mesmo confessou mais tarde ter "visto Jesus, nosso Senhor", aparição que considera como sendo a última manifestação do Ressuscitado a humanos, depois de sua ressurreição. Estamos, mais ou menos, entre os anos 32 e 36 de nossa era.

O homem fugiu, então, totalmente à sua responsabilidade. Perseguidor que era, de repente se torna pregador do Senhor Jesus. Em Damasco primeiro, depois durante três anos na região de Petra, ele começou a pregar a Boa Nova de Jesus ressuscitado. Subiu em seguida a Jerusalém, onde encontrou Pedro e Tiago, "o irmão do Senhor", e reuniu a comunidade cristã que já existia em Antioquia, na Síria, ponto de partida das primeiras missões pelo Mediterrâneo. Antioquia está situada a algumas dezenas de quilômetros de Tarso, sua terra natal, onde também de vez em quando fez paradas.

Sua maior atividade apostólica está organizada em torno de três viagens missionárias. Na primeira, leva como auxiliar Barnabé, sacerdote originário de Chipre, homem inabalável. A viagem os conduz precisamente a Chipre, e depois à Ásia Menor, de modo particular Antioquia da Pisídia, Icônio (hoje Konya) e Listra, onde Paulo conhece Timóteo. Ao retornarem para Antioquia da Síria, ao fim de aproximadamente dois anos, Barnabé deu testemunho da lealdade de seu companheiro. É durante sua permanência em Chipre que o relato dos Atos fala da mudança de nome do Apóstolo, de Saul para Paulus (ou Paulos, em grego), um sobrenome latino que sugere uma pessoa pequena, de constituição frágil e de pouca aparência.

A segunda viagem missionária o leva bem mais longe. Conservando sempre Antioquia da Síria como ponto de partida, e sendo Paulo o chefe da missão, Barnabé logo se separou dele. Paulo começou por visitar novamente as comunidades fundadas na viagem anterior, passou pelo centro da Ásia Menor, e por motivo de saúde teve de permanecer junto aos gálatas. Aproveitou então para lançar a semente do Evangelho entre esse povo aparentado dos gauleses e considerado assaz grosseiro por seus vizinhos de cultura grega.

Tendo em seguida alcançado a costa oeste da Ásia Menor, chegou a Trôade (a Tróia, da Ilíada), às margens do estreito de Dardanelos, atravessou depois o braço de mar e passou para a Europa. As principais cidades em que ele permaneceu nos são conhecidas através de suas cartas: Filipos, na Macedônia, Tessalônica, Atenas (para ela não possuímos correspondência) e Corinto, capital da província romana da Acaia. Após sua estada nessa cidade, ele retornou, por mar, à litorânea Cesaréia, indo de lá para Jerusalém e, por fim, para Antioquia da Síria.

O relato dos Atos possibilita saber como Paulo agia quando chegava a qualquer lugar. Instalava-se geralmente na casa de um judeu que lhe havia sido recomendado, trabalhava, salvo em Filipos, e freqüentava as sinagogas. Era ali que encontrava terreno favorável para anunciar o Evangelho da ressurreição de Jesus, uma vez que lhe confiavam a homilia do culto do sábado. Ficou ao redor de dois anos em Corinto, e menos tempo em outros lugares. Para continuar sua obra, deixava sempre discípulos no local.

É em sua primeira ou segunda viagem – os historiadores datam o acontecimento por volta dos anos 50, mas não têm firmeza quanto à localização na vida de Paulo –, que aconteceu um grande debate na Igreja sobre a ligação entre a fé cristã e a prática da lei judaica. Foram Jerusalém e Antioquia da Síria os principais palcos do acontecimento. Enquanto eram judeus os adeptos de Jesus ressuscitado, nenhum problema: todos praticavam a lei judaica e respeitavam seus preceitos. Mas, o que convinha fazer a partir do momento em que não-judeus se juntassem ao grupo dos fiéis?

Convinha que os homens de origem pagã fossem circuncidados? Deveriam eles seguir as regras alimentares dos judeus? E se eles não as seguissem, como tomar refeições em comum com os cristãos judeus, principalmente na celebração da Ceia do Senhor? Conhecidos através dos Atos dos Apóstolos e da carta aos gálatas, dos controvertidos debates acontecidos resultou que prevaleceu o ponto de vista de Paulo: os cristãos de origem pagã não estariam submissos nem à circuncisão nem a outras obrigações da lei judaica. E os apóstolos repartiram os territórios a serem evangelizados: Pedro e João se dedicariam de modo particular aos judeus; Paulo e Barnabé, aos pagãos. A partir daí, o Evangelho podia reunir todos os homens em plena liberdade.

A terceira viagem missionária de Paulo o fez descobrir novos territórios: depois de ter partido de Antioquia da Síria, por via terrestre, e de ter novamente permanecido entre os gálatas, Paulo chegou a Éfeso, capital da província romana da Ásia, onde se demorou por três anos e dois meses. Quando retornou a Corinto, depois de ter passado pela Macedônia, ali nem tudo estivera tão bem quanto ele esperava. Pregadores partidários da prática da lei judaica para todos os cristãos, ou seja, a prática de suas origens, tinham feito seu trabalho. Paulo então se distanciou e se retirou na Macedônia, até que se acalmasse a tempestade. Sem dúvida contra seus projetos iniciais, não voltou mais a Corinto. Passando por Mileto, enviou emissários à Igreja de Éfeso, convocando para um encontro os anciãos dessa Igreja. Alcançou em seguida a costa do Mediterrâneo oriental, em Tiro e depois em Cesaréia. Dali, subiu para Jerusalém.

Durante sua estada em Jerusalém, estourou um escândalo a seu respeito. O judeu Paulo, tendo tomado suas distâncias em relação à lei, foi considerado apóstata por seus correligionários. Foi levado do templo, esteve prestes a ser linchado, e finalmente foi preso por perturbação da ordem; enquanto era levado como prisioneiro, a tropa romana o protegia dos judeus, que queriam se vingar. Devido a seu processo se arrastar longamente, Paulo – tendo-se como verídico o relato dos Atos - apelou à justiça imperial. Foi quando se planejou sua ida para Roma. Pensava ele em aí se entregar, como o atesta a carta aos romanos; não imaginava que ali chegaria já prisioneiro.

A viagem do cativeiro constitui o quarto grande deslocamento, do qual os Atos dos Apóstolos fornecem o relato. Foi uma viagem movimentada.

O navio em que estava Paulo, sempre prisioneiro, naufragou nas costas de Malta. Os náufragos, entretanto, conseguiram chegar à ilha. Dali, alcançaram Reggio, na Calábria, Putéoli e, por fim, Roma. E aqui termina o relato dos Atos dos Apóstolos. Não se sabe como terminou o processo.

Paulo misturou-se à comunidade cristã que já existia em Roma antes de sua chegada. Ele pôde, com total segurança, anunciar o Evangelho no centro do mundo habitado. E aí o autor dos Atos dos Apóstolos finda sua obra. Isso deixa mais difícil saber o que se passou durante os derradeiros anos do Apóstolo. Quando escreveu a epístola aos romanos, ele tinha o projeto de seguir para a Espanha. Conseguiu? Retornou ao Mediterrâneo oriental? Essas questões ficaram em aberto.

Os cristãos residentes em Roma passaram por inúmeras dificuldades durante os anos de Nero (54-68). Muitos, entre os quais Pedro, foram executados pouco antes do incêndio da cidade, em 64. Paulo foi sem dúvida decapitado alguns anos mais tarde. Geralmente, tem-se 67 como o ano de seu martírio. Seu túmulo está na estrada de Ostia, na saída sul de Roma, sob o altar da atual basílica de São-Paulo-fora-dos-Muros. Escavações recentes, vindas a público em 2006, atestam a verossimilhança histórica dessa localização tradicional.

Primeiro dia

O FUNDAMENTO DA ORAÇÃO CRISTÃ

Tende em vós os mesmos sentimentos de Cristo Jesus: apesar de sua condição divina, ele não reivindicou seu direito de ser tratado como igual a Deus. Ao contrário, aniquilou-se a si mesmo e assumiu a condição de servo, tornando-se semelhante aos homens.

Por seu aspecto, reconhecido como homem, humilhou-se, fazendo-se obediente até a morte, e morte de cruz. Por isso Deus o elevou acima de tudo e lhe deu o Nome que está acima de todo nome, de modo que, ao nome de Jesus, todo joelho se dobre nos céus, na terra e debaixo da terra, e toda língua proclame que Jesus Cristo é o Senhor, para a glória de Deus Pai (Fl 2,5-11).

Para entender

Escrevendo à Igreja de Filipos, na Macedônia, uma cidade que ele mesmo evangelizara, Paulo exorta todos os fiéis a procurar os interesses dos outros antes que os próprios. A tentação de se aproveitar de uma situação, para dela ganhar prestígio ou levar vantagem, é de todos os tempos.

O Apóstolo sustenta essa exortação citando um hino do qual sem dúvida não é o autor, um hino emprestado da liturgia das primeiras comunidades cristãs. Esse texto maravilhoso refaz o itinerário completo de Jesus Cristo, desde sua encarnação até sua ressurreição e exaltação à direita do Pai. O valor desta peça litúrgica ultrapassa de longe a simples exortação moral que ela vem apoiar: Jesus foi o primeiro a colocar os interesses dos outros à frente do seu próprio. Ele merece ser imitado.

Leitura meditada

O hino da carta aos filipenses nos coloca no coração da originalidade cristã. O Deus criador está comprometido com sua criação. Pela encarnação, o Filho de Deus despojou-se de todos os seus privilégios e tomou carne de nossa carne, iniciativa que não encontra equivalência em nenhuma outra religião monoteísta: ele se torna um dos nossos, e assim permanece. Se se situa o céu em cima e a terra embaixo, é um rebaixamento imenso.

Fazendo-se homem, Deus mergulhou inteiro em nossa história: ele se fez judeu, galileu, no primeiro século de nossa era. O homem Jesus que percorre as estradas da Palestina, reconhecido por seus contemporâneos como profeta e sábio, é imagem e palavra de Deus. Mais humano que qualquer humano, uma vez que não foi desfigurado pelo pecado, ele é o homem por excelência, que nos revela o verdadeiro rosto do Pai: um rosto pleno de humanidade.

Em contrapartida, todo ser humano está chamado a honrar a parte de divino que há nele. De nós a Deus, a distância, que pode parecer imensa, não é tão grande quanto isso. Jesus não hesitou em citar a seus contraditores, que lhe censuravam a pretensão de ser íntimo de Deus, uma frase do salmo 82: "Eu disse: vós sois deuses".

E a humilhação de Deus não pára aí. À condição divina, o hino não opõe a condição humana, mas a de escravo. O termo é forte. Pode-se até traduzi-lo por "servidor", menos violento, mas a atitude é a mesma. Jesus a ilustrou por sua proximidade com os pobres e humildes de seu tempo e de sua cultura: os doentes, as crianças, as mulheres, as viúvas, os pecadores, os não-judeus...

Atitude que culmina no lava-pés reportado por são João, gesto corrente na cultura oriental da época, que o senhor da casa, ao receber um hóspede importante, confiava a um serviçal ou a um jovem escravo. Lavar os pés de alguém é colocar-se em posição de inferioridade. Pedro, aliás, não se engana sobre essa inversão inaudita, e de início recusa que se faça assim (Jo 13,6). Mas Jesus insiste. Tal postura tem como conseqüência que os homens e mulheres que se reconhecem discípulos de Jesus devem, por sua vez, olhar com humildade aqueles que eles querem servir.

Não se dá de seu tempo ou de seus bens como uma esmola. Eu sou o servo daquele a quem eu venho em auxílio, pois ele me dá oportunidade de imitar a Jesus, e de superar meu egoísmo. Isso eu devo dizer a mim mesmo toda vez que faço algum bem a alguém, por alguma moeda que lhe dou ou um pouco de tempo que lhe dedico. Vicente de Paulo dizia a seus dirigidos que eles tinham de se fazer perdoar pelos pobres o bem que eles lhes fizessem.

Depois, o Escravo divino foi levado à morte. Na Antiguidade, o senhor tinha direito de vida e de morte sobre seu escravo. Escravo voluntário, Jesus aceitou que o ódio o atingisse, que a intenção de suprimir o profeta do amor chegasse a tanto. Ele aceitou uma morte injusta, reclamada ao curso de uma paródia de processo que lhe impuseram alguns sumos sacerdotes, decidido covardemente por um governador romano impiedoso e venal. E morreu da forma mais infame da época, crucificado às portas de Jerusalém: a cruz era o suplício dos escravos e de gente de baixa condição. O Crucificado de Jerusalém nos mostra até onde pode chegar o amor que Deus nos tem.

A continuação do hino aos filipenses narra a resposta do Pai ao amor com o qual o Filho ama: ele o revelou em uma vida outra que não esta em que ele havia sofrido. Jesus Cristo ressuscitado é para sempre um humano vivo, como nós todos somos chamados a ser. Aquele que, sobre a cruz, já não tinha aparência humana, recebeu o Nome por excelência: ele é Senhor, um título divino que havia depositado a nossos pés.

Depois de se ajoelhar diante de seus discípulos, Jesus tornou-se sobre o madeiro do Gólgota um corpo lastimável e agonizante. Foi, em seguida, enterrado. Retornado à vida pelo Pai, é ele agora que merece que os joelhos se dobrem em sua presença, que todos os viventes se prostrem, e não somente os humanos: o texto menciona também os seres celestes e as potestades do inferno, portanto tudo que, no mundo criado, tem vida.

A ressurreição não é apenas um acontecimento da vida de Jesus, é também um sinal incontestável de que a criação ressurgirá, mensagem a ser ouvida quando, diante das desordens do mundo, muito facilmente se pensa que o futuro é sem esperança. Não, o destino último do mundo não é o caos. As trevas não terão a última palavra.

Uma oração

Senhor Jesus, imagem e palavra de Deus, tornando-se um de nós, tu nos mostraste até que ponto o Pai deseja estar próximo de suas criaturas.

Por tua morte assumida, tu abandonaste teu destino em nossas mãos, aceitando ser vítima do ódio que se exaspera contra o amor.

Nós te rendemos graças por essa obra maravilhosa.

Agora eternamente vivo por graça do Pai, tu nos mostras um rosto resplandecente, capaz de iluminar nossas sombras e nossas trevas.

Recebe a homenagem de nosso reconhecimento.

Dá-nos que saibamos nos colocar de joelhos diante de ti e de nossos irmãos, como escravos voluntários, convencidos de que o dom de si é o caminho da verdadeira vida.

Segundo dia

ORAR SEM CESSAR

Vivei sempre alegres. Rezai continuamente. Em todas as ocasiões dai graças a Deus. Esta é a vontade de Deus a respeito de vós em Cristo Jesus.

Não apagueis o Espírito. Não desprezeis as profecias. Examinai tudo e ficai com o que é bom. Apartai-vos de toda espécie de mal.

Que o Deus da paz vos leve à santidade perfeita, e todo o vosso ser – espírito, alma e corpo – se conserve sem mancha até a vinda de nosso Senhor Jesus Cristo. Aquele que vos chama é fiel e saberá cumprir tudo isso.

Irmãos, rezai também por nós. Saudai todos os irmãos com um beijo santo. Eu vos conjuro pelo Senhor que esta carta seja lida a todos os irmãos.

Que a graça de nosso Senhor Jesus Cristo esteja convosco (1Ts 5,16-28).

Para entender

A carta mais antiga que possuímos de São Paulo é esta primeira epístola aos cristãos de

Tessalônica, na Macedônia. Paulo a assina junto com Silvano e Timóteo, que o acompanharam em sua missão de evangelização, e a quem os habitantes de Tessalônica conheciam. Donde o plural: "Irmãos, rezai também por nós". Esse "nós" não é um plural majestático.

Com essa passagem, composta de breves e seguidas exortações, se encerra a carta. Elas recapitulam o que o Apóstolo e seus companheiros lembraram aos tessalonicenses: a história da evangelização da cidade, a exigência do amor fraterno entre cristãos, a esperança de uma vida eterna.

Leitura meditada

"Vivei sempre alegres." É normal estar sempre alegre? Nos momentos difíceis, não se tem o direito de ficar triste? Nos Atos dos Apóstolos, Paulo mesmo teve de fugir de Tessalônica, com Silvano, em plena noite, para escapar da hostilidade de um grupo de judeus, encolerizado particularmente com ele. Estava ele feliz nesse momento? É pouco provável!

Se o Apóstolo conclama à alegria constante, é porque se trata de uma alegria de outra natureza, que nenhuma relação tem com a simples alegria ou o contentamento momentâneo. É a alegria de saber que o Deus do Evangelho é um Deus de amor. A vida é bela porque Deus nos ama, não porque o céu estará todos os dias sem nuvens. O amor com que nós somos amados é a fonte de uma alegria profunda, que permite suportar as piores dificuldades, sem amargor. Francisco de Assis falava da "alegria perfeita" ao evocar a possibilidade de que, caminhando com frei Leão, ele fosse enxotado dos conventos franciscanos em plena tempestade de neve e de ventos glaciais. Que são nossas pequenas dificuldades, comparadas à alegria de saber que o mundo foi salvo por Jesus, e à alegria de se associar à sua Paixão por meio de pequenas provações?

"Rezai continuamente." Nem todos os cristãos escolheram a vida contemplativa, e mesmo os contemplativos não passam todo o seu tempo na igreja do mosteiro. O próprio Paulo, ativo como o conhecemos, fazia mil outras coisas durante o dia: viagens, pregação e trabalhos manuais para ganhar a vida compunham o seu dia-a-dia. Quando ele pede para rezar constantemente, não tem em mente que seus destinatários deveriam estar continuamente em oração. Exorta, isto sim, a ter em si uma disposição de oração permanente, uma atitude global de disponibilidade a Deus e ao Espírito, que possibilita viver os acontecimentos em profundidade, em lugar de se deixar levar pela vida.

Mantém-se a atitude orante pelo silêncio. Com a condição de não preencher sistematicamente os tempos livres com música ou barulho, o espaço disponível que se cria dentro de si é um espaço que o Deus vivo pede apenas para ali morar.

"Em todas as ocasiões dai graças a Deus." É fora de dúvida que o louvor é a forma mais elevada de oração. Mas, será ela possível "em todas as ocasiões"? Os próprios salmos têm tonalidades variadas. Se existem salmos de ação de graças, há os que são de lamentação ou gritos de revolta. A familiaridade com Deus à qual somos chamados permite que lhe manifestemos nosso descontentamento quando ele existe. Sem essa franqueza, não há verdadeiro relacionamento.

Paulo não contesta a legitimidade do lamento diante de Deus ou de chamá-lo em socorro. O agradecimento é, todavia, por onde se deve sempre começar. Um padre meu amigo dizia: "Quando você tem vontade de se lamentar, procure os motivos que tem para se alegrar. Eles existem em abundância". Depois desse reconhecimento, tudo pode ter lugar, inclusive o lamento, que será então um lamento filial e não uma reivindicação.

Quem sou eu para dizer a Deus que as coisas deveriam ser diferentes? Na carta aos romanos,

Paulo diz: "Quem és tu, ó homem, para discutir com Deus? Acaso a peça fabricada vai dizer a quem a fez: "Por que me fizeste assim?" O oleiro não é dono da argila para fabricar com a mesma massa um vaso de luxo e um vaso comum?" (Rm 9,20-21).

Há como, através das três exortações que iniciam esse trecho, ter da vida um olhar diferente daquele que normalmente se tem. É com freqüência a isso que nos conduz a leitura da Bíblia: a mudar nosso olhar, sem com isso cair na resignação.

Por aí se compreendem os imperativos que seguem: não criar obstáculo à ação do Espírito, não desprezar as mensagens inspiradas, fugir do mal sob todas as formas. O Espírito Santo está vivo e não cessa de bater à porta. Basta não deixá-la fechada, para que ele entre em nós. Fugindo do mal, tornam-se possíveis todas as formas de bem, que são, umas e outras, obra do Espírito. Não é por nada que a Igreja distinguiu, tomando-os emprestados do profeta Isaías, sete dons do Espírito Santo: sabedoria, inteligência, conselho, fortaleza, ciência, piedade e temor de Deus (este último, uma reverência religiosa que não deve ser confundida com o medo).

Ser cristão é, antes de tudo, reconhecer que recebemos de outro a vida, não apenas a vida vegetativa transmitida por nossos pais, mas também a vida espiritual, aquela que nos nutre permanentemente e nos possibilita agir de forma fiel ao Evangelho. A alegria e a ação de graças são o pano de fundo. Elas dão o clima de toda atividade engajada sob o impulso do Espírito, atividade que é, ela também, oração.

Uma oração

Concede-nos, Senhor, estar sempre unidos; é assim que recebemos a paz.

Reconhecendo o que nos vem de ti, não podemos senão permanecer na alegria e na ação de graças, sejam quais forem as dificuldades do momento.

Teu Espírito deseja morar em nós; concede-nos que lhe deixemos todo o espaço, para que ele inspire nossas ações.

Toda nossa pessoa – espírito, alma e corpo – poderá então agir segundo tua vontade e fazer de nossa vida uma oração que se junte àquela de teu Filho Jesus, o fiel entre os fiéis, cuja luz já nos ilumina e a quem nós somos convidados a reencontrar em plena claridade, ao termo de nossa existência terrestre.

Terceiro dia

RENDER GRAÇAS PELOS OUTROS

Paulo, chamado pela vontade de Deus para ser apóstolo do Cristo Jesus, e o irmão Sóstenes, à Igreja de Deus que está em Corinto. Aos que foram santificados no Cristo Jesus, chamados para serem santos junto com todos os que em todo lugar invocam o nome de nosso Senhor Jesus Cristo, Senhor nosso e deles. Graça a vós e paz da parte de Deus nosso Pai e do Senhor Jesus Cristo.

Agradeço continuamente a meu Deus por vossa causa a graça divina que vos foi dada em Cristo Jesus, porque nele fostes enriquecidos de todos os dons, os da palavra e os da ciência. De fato, o testemunho de Cristo foi confirmado em vós a tal ponto que nenhum dom vos falta, enquanto esperais a manifestação de nosso Senhor Jesus Cristo. É ele que vos confirmará até o fim, de modo que estejais livres de culpa no dia de nosso Senhor Jesus Cristo. Fiel é Deus, por quem fostes chamados à comunhão de seu Filho, Jesus Cristo, Senhor nosso (1Cor 1,1-9).

É com essas linhas que se abre a primeira carta aos cristãos de Corinto, grande cidade greco-romana, que o próprio Paulo evangelizou. Elas respeitam as regras de composição de uma carta no Império romano. Já de início, nomeiam-se os autores. E, em seguida, seus destinatários. Por fim, vem a saudação que, numa correspondência comum, se limita a um breve: "Salve". Mais longa nesta carta de Paulo, a saudação é um fervoroso voto enriquecido pelo Evangelho: "Graça a vós e paz da parte de Deus nosso Pai e do Senhor Jesus Cristo".

Depois desse "endereçamento", segue em geral um "preâmbulo", no qual o autor elogia as qualidades de seu destinatário. Também aí, Paulo sai do corriqueiro: o agradecimento é endereçado a Deus. Não é dos coríntios que ele faz o elogio, mas daquele que neles realizou grandes coisas. Os méritos não estão lá onde se pensa estarem: os coríntios são o terreno, não os atores.

Leitura meditada

Ao ler o conjunto da primeira epístola aos coríntios, descobre-se que a situação da jovem Igreja está longe de ser a ideal: há facções na comunidade, o comportamento moral de alguns fiéis é mais que duvidoso, os mais ricos transformam a celebração da eucaristia em bebedeira... A lista das censuras pode alongar-se. Paulo volta a isso em seguida, mas não é nesse tom que ele aborda seus destinatários. Ele começa pela ação de graças, por causa de todas as riquezas espirituais com as quais os coríntios são beneficiados, pela graça de Deus: dom da palavra, dom do conhecimento, dom do engajamento firme no Evangelho, nenhum lhes falta.

Com isso, Paulo mostra um aspecto importante da missão apostólica. Às vezes se pensa que, para ser um apóstolo digno desse nome, é necessário plantar-se no meio das ruas e anunciar Jesus Cristo em alto e bom som, como o fazem certos pregadores em nossas cidades. Ora, não era assim que Paulo agia habitualmente, salvo na Ágora de Atenas, onde isso era costume. No início da primeira carta aos coríntios, o Apóstolo identifica esse trabalho de Deus junto a seus destinatários, e retribui a Deus aquilo que lhe é devido.

Deixar-se eclipsar diante do Senhor é um critério importante do autêntico apostolado. Paulo deixa claro isso um pouco mais à frente, no corpo da epístola, a propósito do que realizou junto com Apolo, um judeu de Alexandria, que trabalhou com ele em Corinto e reforçou ali a presença do Evangelho: "Pois, que é Paulo? e que é Apolo? São ministros por meio dos quais abraçastes a fé, e cada um conforme o Senhor lhe concedeu. Eu plantei, Apolo regou; mas foi Deus que fez crescer. Ora, aquele que planta não é nada, nem quem rega, mas sim aquele que faz crescer, que é Deus" (1Cor 3,5-7).

Assim, cada um pode ser missionário simplesmente ao revelar às pessoas aquilo que Deus nelas realizou, sem muita propaganda nem pudor excessivo: "Você me conta algo de sua vida, de seu itinerário, de suas decepções, de suas esperanças, de seus progressos. Isso me parece um trabalho de Deus que se cumpriu em você: ele se manifesta aqui, e ali também, e mais à frente...".

A testemunha age como um catalisador: ela se interessa pelo outro o suficiente para descobrir transformações e discernir as realizações do Espírito nas pessoas e nos grupos; e tem a simplicidade e a coragem de proclamar isso. O confronto com relação a essa revelação se torna perfeitamente livre. É total o respeito mútuo.

Entretanto, quase não se divulga que se deve render graças a Deus por aquilo que ele realiza nos outros. Em geral, prefere-se criticar os outros, quando não se parte para denegri-los ou caluniá-los. Depois, pede-se desculpa dizendo não ter sido por mal, mas os estragos já foram feitos. Ao contrário, aquele que louva a Deus por suas realizações provoca uma abertura de horizontes.

O bem, público ou secreto, conhecido ou desconhecido, acontece por toda parte. A oração de ação de graças pelos outros tem inevitavelmente uma dimensão universal.

Além de sua capacidade de identificar o trabalho da graça junto de seus destinatários, Paulo ajunta ainda uma palavra: "É ele que vos manterá firmes...". Também aqui, ele é um mestre. Quando se tem um encargo pastoral, é bom convidar as pessoas tentadas pelo desânimo a lançar um olhar ao seu redor. Não para que elas se refugiem numa nostalgia sem sentido, mas para que tenham consciência de tudo o que, nelas e por elas, Deus realizou. Aquilo que se produziu é garantia daquilo que ainda se produzirá. É assim que a fé desabrocha sobre a esperança. O Deus fiel não interrompe sua fidelidade em momento algum de nossa história: "Se somos infiéis, ele permanece fiel, pois não pode negar-se a si mesmo" (2Tm 2,13).

Essa passagem é uma luz para o presente e garantia do futuro. As mãos do Criador não cessam de trabalhar pelo bem. A melhor oração de súplica é invocar a Deus para que isso continue.

Uma oração

Graças te sejam dadas, Senhor, pelas maravilhas que realizas nos corações de todos os homens.

A vida de tua Igreja testemunha tua graça: onde é pequeno o número de sacerdotes, leigos se erguem para fazer viver as comunidades de crentes; em outras partes, sacerdotes e diáconos, religiosos e religiosas em grande número respondem ao apelo que lhes diriges.

Tu ages largamente fora de tua Igreja. Toda vez que inspiras uma caridade exemplar ou que adversários se dão as mãos, é teu trabalho que desabrocha.

Concede-nos ajudar nossos irmãos a descobrir a maneira como tu os acompanhas, a não olhar o passado como uma idade melhor, fonte de nostalgia ou de desgosto, mas como o tempo em que tu já te manifestaste e como a fonte de uma esperança.

Não interrompas, Senhor, a obra de tuas mãos.

Quarto dia

VIVER O TEMPO
DE OUTRA FORMA

Irmãos, eis o que vos digo: o tempo se tornou curto. Então, daqui em diante, os que têm esposa vivam como se não a tivessem; os que choram, como se não chorassem; os que se alegram, como se não se alegrassem; os que compram, como se não possuíssem; os que usam deste mundo, como se não o usufruíssem. Porque passa a figura deste mundo. Desejo que sejais livres de preocupações (1Cor 7,29-32a).

Para entender

Os coríntios convertidos pela pregação de Paulo estavam cheios de dúvidas, sobre as quais interrogaram o Apóstolo, por escrito. Todas essas dúvidas giram em torno de uma questão que engloba as demais: sua fé cristã deve conduzi-los a uma mudança de estado de vida? Os homens casados, por exemplo, devem continuar ou não sua vida conjugal? E se suas esposas ainda não são cristãs? Ou, ao contrário, os celibatários devem se casar, e isso para fazer nascer filhos cristãos?

A resposta de Paulo é clara: que cada um continue em seu estado de vida que tinha ao aderir a Cristo. A fé nada deve mudar no estado de vida. Ao mesmo tempo, ela muda tudo, porque não se terá mais do mundo o mesmo olhar. E uma das coisas que muda radicalmente é a respeito do tempo.

Leitura meditada

"O tempo se tornou curto." Alguém pode pensar que Paulo achava que estava próximo o fim do mundo. Isso não é impossível, mas não se pode ter certeza. De qualquer forma, isso não é o que importa. Seja qual for a duração de vida que a cada um resta viver, o tempo está sempre contado. Ele está contado para o mundo em que vivemos: a cada segundo, o sol consome parte de sua massa e de sua energia; dentro de alguns milhões de anos o planeta terra se tornará inviável por si mesmo; e os seres humanos tudo fazem para acelerar, e muito, esse processo.

O tempo está igualmente contado para cada um, pois que, próxima ou longe, nossa morte é certa. Desapareceremos do mundo, e ele ainda continuará existindo. Que fazer então? Gozar enquanto se tiver tempo? É essa a resposta dos epicuristas e de seus seguidores. A fé dá outra orientação: para tudo existem os "como se..." que Paulo alinha de uma forma que nos pode surpreender.

A alegria não se limita apenas à alegria. Uma alegria lúcida não pode menosprezar as mazelas que ferem o mundo, ou a morte e seu lado trágico. Isso não nos deve levar a brincar de desmancha prazeres, mas a ter de nossa própria alegria uma consciência mais abrangente. "Vossa alegria é vossa tristeza sem máscara", escreveu Khalil Gibran.

Vale o mesmo da tristeza. Toda tristeza deve ser respeitada, certamente, mas ela deve ceder diante da alegria de saber que Cristo nos salvou e que todos somos chamados à felicidade. Além do mais, não é raro que nossa tristeza tenha sua origem nas preocupações exageradas que temos conosco mesmos. Thomas Morus dirigia a Deus esta oração cheia de humor: "Não permitas que eu tenha cuidado demais com esta coisa que chamo de eu".

Comprar é legítimo, mas não a mentalidade de proprietário; e a compulsão por comprar – eu o constato por mim – freqüentemente não é senão a expressão de um mal-estar. Nós não somos mais que administradores dos bens deste mundo. Mortalhas não têm bolsos: muitas parábolas evangélicas lembram isso com insistência.

Mais surpreendente pode nos parecer a relativização do casamento, do celibato, da virgindade. Isso parece ir de encontro à espiritualidade conjugal, e colocar em dúvida o celibato consagrado. Paulo, entretanto, não chega a isso. Ele mesmo era um celibatário, e assim se mantinha. Ele pede aos novos convertidos, que eram casados, que assim continuassem após sua conversão ao Evangelho. Portanto, nem casamento nem virgindade estão fora do *"como se"*. Ser casado ou ser celibatário é secundário com relação a um engajamento mais radical, aquele da fé e de sua conseqüência, a saber: a santidade.

Ainda que a felicidade esteja quase sempre nas pequenas coisas e que o dia-a-dia mereça ser levado em conta e celebrado, as condições materiais da existência devem todas ser relativizadas diante do objetivo único que conta: ser santos. Nós o somos, Paulo não se priva de o repetir. Portanto, tiremos as conseqüências: tornemo-nos santos! E a santidade transcende todos os condicionamentos e todos os estados de vida.

É isso que Paulo quer dizer ao afirmar que "nós somos cidadãos do céu" (Fl 3,20). Não devemos certamente desprezar o mundo ou fugir dele; ter os pés na terra é uma virtude. Entretanto, é bom ter a cabeça noutro lugar, se não para alargar os horizontes, que seja pelo menos para que saibamos dirigir nossos passos. Essa intuição será retomada pela *Carta a Diogneto,* um texto cristão da Antiguidade, cujo autor é desconhecido. Apesar de redigido há um milênio e meio, sua mensagem permanece atual. Eis alguns trechos:

"Os cristãos não se distinguem de outras pessoas nem pelo país, nem pela língua, nem pela vestimenta. Eles não moram em cidades que lhes sejam próprias, eles não se servem de algum dialeto extraordinário, seu modo de vida nada tem de singular... Eles moram cada um em sua pátria, mas como estrangeiros domiciliares. Cumprem todos os seus deveres como cidadãos, e suportam todas as cargas como estrangeiros. Toda terra estrangeira lhes é uma pátria, e toda pátria lhes é uma terra estrangeira... Eles estão na carne, mas não vivem segundo a carne. Passam a vida sobre a terra, mas são cidadãos do céu. Eles obedecem às leis estabelecidas e sua maneira de viver os eleva em perfeição acima das leis..."

Encontrar a justa distância daquilo que nos rodeia, viver uma verdadeira solidariedade com os contemporâneos, sem se deixar levar pelo meio ambiente, é uma linha de conduta da qual cada discípulo do Cristo deve desenhar o traçado.

Uma oração

A vida, Senhor, é feita de mil pequenas coisas, às quais nós nos apegamos e que nos prendem a atenção. Fazemos projetos, e ficamos frustrados quando não se realizam. Nós construímos e nós destruímos, nós vendemos e nós compramos. Passamos da alegria à tristeza e da tristeza à alegria. Tudo isso é humano. É o terreno sobre o qual pode ser projetada a luz da fé.

Tu nos fazes descobrir que não somos feitos diferentes dos demais homens. Obrigado, por nos chamar a essa humildade que nos previne contra um cristianismo arrogante.

Tu nos chamas, entretanto, a dar ao tempo de nossa vida a dimensão de eternidade e a deixar nossas preocupações por conta do cuidado que tens para com toda a criação.

Concede-nos não confundir nossos monturos de areia com as montanhas, e atribuir às coisas da vida sua verdadeira importância.

Concede-nos fundir no teu o nosso olhar.

Quinto dia

PARTILHAR A VIDA NA EUCARISTIA

Com efeito, eu recebi do Senhor aquilo que, por minha vez, vos transmiti: o Senhor Jesus, na noite em que era traído, tomou pão e, depois de dar graças, partiu-o e disse: "Isto é meu corpo, que é por vós. Fazei isto em memória de mim".

Do mesmo modo, ao fim da ceia, ele tomou o cálice, dizendo: "Este cálice é a nova aliança em meu sangue. Todas as vezes que dele beberdes, fazei-o em memória de mim".

De fato, toda vez que comerdes deste pão e beberdes deste cálice, anunciareis a morte do Senhor até que ele venha. Por isso, quem comer do pão e beber do cálice do Senhor indignamente torna-se culpado em relação ao corpo e ao sangue do Senhor (1Co 11,23-27).

Para entender

Nos tempos apostólicos, os cristãos celebravam a eucaristia durante uma ceia, à noite, em casas particulares, convidados pelos mais ricos entre eles. Isso, porém, nem sempre se passava da melhor forma. Os menos ocupados chegavam cedo, tomavam os melhores lugares e avançavam sobre os alimentos e as bebidas. Faltava o clima de partilha fraternal, necessário para a bênção do pão e do vinho.

Paulo convoca os coríntios à seriedade sobre aquilo que pretendem celebrar. É para ele a ocasião de inserir em sua carta a narração da instituição da eucaristia, narração que recebeu da tradição, pois que ele mesmo não presenciou a instituição. Um relato semelhante nos foi transmitido também por Mateus, Marcos e Lucas.

Leitura meditada

A eucaristia não é nem um sacramento das alturas, que cada um freqüenta à distância, por sua própria conta, nem um simples banquete, festivo e simpático. Ela é a repetição, depois da Ressurreição, da última ceia que Jesus dividiu com seus discípulos, na tarde da Quinta-feira Santa, quando sua sorte já estava lançada. A hora era grave. E a gravidade permanece sempre que nós refazemos esse gesto em memória dele: trata-se do destino do Filho de Deus, que se deixou levar à morte e transformou esse assassinato político em oferta voluntária. O Cristo que se dá em alimento primeiro entregou-se à morte todo inteiro, corpo e alma.

O corpo e o sangue significam a totalidade da pessoa. O cálice evoca a aliança nova anunciada pelo profeta Jeremias: "Eis que virão dias – oráculo de Javé – nos quais farei com a casa de Israel e com a casa de Judá uma nova aliança. (...) Eis em que consiste a aliança que farei com a casa de Israel depois daqueles dias – oráculo de Javé: Porei minha lei dentro deles e a escreverei em seu coração. Então eu serei seu Deus e eles serão o meu povo" (Jr 31,31.33).

Para os cristãos, esta nova aliança foi selada pelo sangue que Jesus derramou. Ela implica no respeito das exigências evangélicas, a começar por aquela do amor fraterno. Em conseqüência, não se pode aproximar da eucaristia com o coração habitado pelo ódio, ou mesmo simplesmente cheio de indiferença pelas pessoas desfavorecidas. Esse é o sentido da oração universal, que não será jamais completa se não evocar situações de precariedade que estejamos decididos a remediar. Isso é tanto mais verdadeiro quando o pobre está à nossa porta e no meio de nós, como era o caso das assembléias eucarísticas de Corinto.

Esquecer o pobre e o sofredor numa celebração eucarística é esquecer o Cristo, que se fez, ele próprio, pobre e sofredor; é uma total incoerência. Foi isso que levou Paulo a escrever: "Por isso, quem comer do pão e beber do cálice do Senhor indignamente torna-se culpado em relação ao corpo e ao sangue do Senhor". O próprio Jesus é desprezado.

Em nossos dias, em que a eucaristia é celebrada fora de uma verdadeira ceia, a justaposição do rito da bênção e a confusão de desigualdade que reinava em Corinto já não existem como tais. Mas o risco de não se dar à celebração eucarística toda a sua importância não desapareceu. Os dois desvios mais correntes são a banalização e a falta de união com a vida de caridade.

Para os cristãos acostumados à prática semanal, o risco de que ela se torne rotina não é ilusório. Vai-se à missa só ou em família. É um gesto corrente no sábado à noite ou no domingo. Comunga-se; isso também é habitual. E a missa pode tornar-se um gesto entre outros do vai-e-vem da vida religiosa. Fica muito comprometida a seriedade do que se celebra. Seria bom, então, lembrar-se destas palavras de Jesus à mística italiana Ângela de Foligno: "Não foi para divertir-me que eu te amei".

O risco de falta de sintonia entre o sacramento e a vida de caridade é igualmente muito real. Eu vou à missa, cumpro meu dever dominical, dou eventualmente alguma esmola ao mendicante que estende a mão à porta da igreja, mas o que implica isso em minha vida cotidiana? Que solidariedade? Que partilha? Às vezes, muito pouco. Pouquíssimo.

A teologia consagrou a expressão "partilha eucarística". É uma expressão bela e profunda. Ela lembra, ao mesmo tempo, que Jesus partilhou sua vida com os homens até a morte injusta assumida, que o pão eucarístico é partilhado entre os fiéis durante a celebração, e que toda vida que pretende alimentar-se do Evangelho é uma vida de partilha. É uma das razões pelas quais a eucaristia pode igualmente ser chamada "centro e ápice da vida da Igreja", pois a partilha é uma das mais fundamentais atitudes evangélicas. João Paulo II escreveu em sua encíclica *Ecclesia de Eucharistia*: "O dom do Cristo e de seu Espírito, que nós recebemos na comunhão eucarística, sacia com uma superabundante plenitude os desejos de unidade fraternal que habitam no coração humano; da mesma forma, ele eleva a experiência de fraternidade, inerente à participação comum da mesma mesa eucarística, a um nível bem superior àquele de uma simples experiência de convivência humana" (24).

Uma oração

Obrigado, Senhor Jesus, pela ceia eucarística, na qual tu te dás a nós. Nós nos recordamos de que teu corpo é ao mesmo tempo teu corpo físico crucificado e o corpo eclesial que tem a missão de se entregar para que o mundo tenha a vida. Os dois corpos estão ordenados um para o outro. Tu nos convidas a colocar a eucaristia no centro de nossa vida, associando-nos ao dom que fizeste de toda tua pessoa.

Não permitas que nossas celebrações sejam banais e hipócritas.

Concede-nos apreciar a graça que nos é dada de poder celebrar. Dá-nos que dela participemos com o melhor de nós mesmos, que nos convertamos na escuta da Palavra e que partilhemos o pão que nos é doado.

Concede-nos honrar pela eucaristia sua dimensão universal, a fim de que ninguém nela seja esquecido e que nós nos baseemos na ação de Jesus, que se entregou à morte para que o mundo viva.

Sexto dia

DOAR-SE AO AMOR

Se eu falo as línguas dos homens e dos anjos, mas não tenho amor, sou como o bronze que soa ou o címbalo que retine. Se eu tenho o dom da profecia e conheço todos os mistérios e toda a ciência, se eu tenho toda a fé, a ponto de transportar montanhas, mas não tenho amor, nada sou. Se eu distribuo todos os meus bens e entrego meu corpo para ser queimado, mas não tenho amor, de nada me serve.

O amor é paciente; o amor presta serviço; o amor é sem inveja; não se vangloria nem se incha de orgulho. Não age com baixeza, não é interesseiro; não se irrita, não leva em conta o mal recebido. Não se alegra com a injustiça, mas se compraz com a verdade. Tudo suporta, tudo crê, tudo espera, tudo vence.

O amor jamais se enfraquece; mas as profecias serão destruídas, o dom das línguas cessará e a ciência será destruída. Pois nosso conhecimento é limitado e limitada é nossa profecia. Mas quando vier o que é perfeito, será destruído o que é limitado. Quando eu era criança, falava como criança, pensava como criança, raciocinava como criança. Quando me tornei homem, destruí o que era próprio de criança. Com efeito, agora vemos como por meio de um espelho e de maneira confusa; mas então veremos face a face. Agora conheço de maneira limitada; mas então conhecerei como fui conhecido.

Agora, portanto, permanecem fé, esperança, amor, essas três coisas; mas a maior delas é o amor (1Cor 13,1-13).

Para entender

Os carismas – ou dons espirituais – eram muitos na jovem Igreja de Corinto. O espírito Santo outorgava a alguns o dom das línguas, um dom que permite louvar a Deus em alta voz, sem utilizar um idioma habitual. O próprio Paulo o possuía.

O Apóstolo devia, entretanto, reagir diante de uma supervalorização desse dom espetacular, que não contribui necessariamente para a construção da comunidade. Outros dons são mais úteis. Para colocar as coisas no devido lugar, ele fornece uma lista de carismas classificados por ordem de importância. Segundo essa lista, o dom das línguas vem em último lugar: apostolado, profecia, ensinamento, milagres, cura, assistência, conselho, línguas (1Cor 12,28). E por fim, levado pelo entusiasmo, ele nomeia um carisma que ultrapassa todos os outros: o amor de caridade. A passagem em que o amor é colocado em primeiro lugar, num tom muito enfático, teve talvez uma existência independente antes de ser integrado à primeira carta aos coríntios.

Leitura meditada

Temos aí uma das páginas mais conhecidas das cartas paulinas, escolhida quase sempre por ocasião de celebrações de casamento. É, com efeito, um belíssimo programa para um jovem casal. Seria, portanto, uma pena limitar o valor do amor conjugal.

Alguém pode até se admirar de ver Paulo nomear o amor – *ágape,* em grego – dentro do quadro de uma reflexão sobre a relativa importância dos carismas: o apostolado, a profecia, o ensinamento são, ao mesmo tempo, dons e funções eclesiásticos. Com o amor, muda-se o enfoque. Pois é um dom que não corresponde a alguma função específica e que deve animar a todas. Ele as transcende. Ser apóstolo, ser profeta ou ensinar sem amor é de certa forma condenar-se à esterilidade. A Igreja não tem de formar funcionários do culto. Amar é possível a todos e necessário a todos. Nada dispensa o amor, nenhuma ciência, nenhuma generosidade, nenhum estado de vida, nenhum ministério eclesial.

Paulo estabelece forte contraste entre a situação presente e a que se produzirá no fim. Atualmente, nós estamos a caminho. Caminhamos como que às cegas, cremos e esperamos naquilo que não podemos ver. Estamos mergulhados na incompletude, na inconsistência, na leveza. Não conhecemos, senão de maneira imperfeita, o mundo em sua realidade física: a globalidade do tempo e do espaço. E sobre as realidades essenciais – Deus e seu desígnio criador – nós apenas balbuciamos.

Não chegamos à Verdade, com um V bem maiúsculo, senão pela fé e esperança. Uma e outra são realidades para o tempo da vida terrena, à espera de um conhecimento mais global. No além, não mais precisaremos crer nem esperar. Christian de Chergé, prior dos monges do Atlas, escreveu sobre seus potenciais assassinos: "Eles devem saber que será enfim satisfeita minha mais lancinante curiosidade".

O amor vale para este tempo e para os séculos dos séculos. O amor que Deus nos tem jamais cessará. O amor que lhe dedicamos, no mesmo impulso daquele que temos por nossos irmãos, constitui como que o prelúdio da visão beatífica, pela qual a criação tomará em Deus sua dimensão de eternidade.

Se eu posso amar, é porque Deus me ama e seu amor me transpassa. Ora, isso não acabará nunca. "Amour" (amor) rima com "toujours" (sempre), diz-se popularmente. É isso que Paulo expressa com palavras próximas desse dito: "O amor jamais desaparecerá".

Uma realidade tão alta evidentemente ultrapassa as formulações paulinas. Cada autor do Novo Testamento fala do amor à sua maneira. São Mateus, no grande quadro do último Juízo, mostra o Filho do Homem dizendo àqueles que amaram seus irmãos com gestos dos quais eles certamente não compreenderam a importância: "Tudo o que fizestes ao menor de meus irmãos foi a mim que o fizestes" (Mt 25,40). O amor sobre o qual ele insiste é um amor em atos. Não é apenas um sentimento.

São João, em sua primeira epístola, fala de maneira mais sintética: "Deus é amor" (1Jo 4,16). Não é uma definição de Deus, pois Deus está acima de qualquer definição, mas isso nos faz entender que amando podemos penetrar no coração mesmo de Deus e que há ali uma riqueza que ninguém nos poderá roubar. A continuidade entre o mundo terrestre e o mundo divino raramente foi expressa de maneira tão convincente.

As propostas de Paulo sobre o amor de caridade constituem um complemento útil a uma de suas afirmações fundamentais, a saber, que somos salvos pela fé. A fé que não agisse por amor seria uma fé morta. E o amor que se reduzisse a um simples sentimento não passaria de ilusão. Deus chama a um engajamento total, que desemboque em atitudes concretas.

Uma oração

Nós sabemos, Senhor, que seríamos incapazes de amar se o amor não tivesse sua fonte em ti. Dá-nos que nos alimentemos com esse amor e nos deixemos transpassar por ele. Poderemos assim amar nossos irmãos como tu mesmo os amas, sem reservas e sem condições.

Concede-nos considerar o amor como o maior dos carismas e o mais elevado dos encargos. Sem ele, todo talento, todo ministério, toda responsabilidade, toda atividade estão condenados à vaidade e à esterilidade.

Nós te confiamos, Senhor, todos aqueles que se engajam, no casamento ou no celibato, sob o signo do amor.

Sétimo dia

OUSAR CRER
EM NOSSA RESSURREIÇÃO

Mas, perguntará alguém: Como é que os mortos ressuscitam? Com que corpo voltarão? Insensato! O que semeias não recebe a vida sem antes morrer. E o que semeias não é o corpo da planta que vai nascer, mas um simples grão, de trigo ou de qualquer outro vegetal; é Deus que lhe dá um corpo, conforme estabeleceu: a cada semente o corpo que lhe é próprio.

As carnes todas não são as mesmas, mas uma é a carne dos homens, outra a dos animais, outra a carne das aves, outra a dos peixes. Existem também corpos celestes e corpos terrestres, mas um é o brilho dos celestes, outro o dos terrestres. Um é o brilho do sol, outro o da lua, outro o das estrelas. Até uma estrela difere de outra quanto ao brilho. Pois assim acontece com a ressurreição dos mortos: semeado corruptível, o corpo ressuscita incorruptível; semeado desprezível, ressuscita glorioso; semeado na fraqueza, ressuscita com vigor; semeia-se um corpo animal, ressuscita um corpo espiritual (1Cor 15,35-44).

Para entender

Os coríntios, crentes que eram, tinham como um mal acreditar na ressurreição: tanto a de Cristo quanto a dos homens. Esse tipo de dúvida não vem de hoje. Paulo responde a seus questionamentos em dois tempos. Ele lembra primeiro a longa lista das testemunhas que viram Jesus antes de sua morte na cruz. Em seguida, ousa abordar a questão do "como". Pois, se duvidamos da ressurreição, é, em parte, certamente porque não conseguimos nos ver como seremos e o que se passará.

Com prudência e sabedoria, antes de tentar descrever o estado dos ressuscitados, ele utiliza uma linguagem parabólica: a imagem do grão semeado na terra e da planta que dali nasce.

Leitura meditada

Se se quer semear a dúvida a propósito da vida após a morte, nada como tentar descrevê-la. Todas as representações que nós podemos imaginar são inconsistentes: a corte celeste, os concertos dados pelos anjos, a morada no seio de Abraão... Nossa incapacidade de imaginar as coisas não nos deve, no entanto, levar a negá-las.

A imagem da semente e da planta é eloqüente. Supondo que um grão lançado na terra possa pensar, ele seria absolutamente incapaz de imaginar como será depois de germinar, nem imaginar a beleza do mundo em que brotará: o céu azul, as plantas e as montanhas, as árvores, os pássaros e as flores. E, todavia, será exatamente essa semente que dará nascimento à planta, uma planta inteiramente contida nela e inteiramente outra. O mesmo acontece conosco: não conhecendo senão este mundo em que vivemos, depois de nossa morte passaremos a outra dimensão, absolutamente inimaginável.

Por que então falar de ressurreição e não apenas de sobrevivência da alma? – Porque é toda a nossa pessoa que sobreviverá, não somente um princípio vital, que se fundiria num grande todo. É isso que expressa a linguagem do corpo. Nós somos seres em relação: relação com Deus, relação com nossos irmãos, relação com o conjunto do mundo criado. A exemplo do que aconteceu com Jesus, nosso ser todo inteiro e as relações que o constituem estão destinados a ser transfigurados. Essa é a esperança cristã.

A vida vegetativa vem de Deus, mas ela é transmitida de um mortal para um mortal. Tal é a lei da natureza. Tal é também a lei da graça. Jesus a anunciou, com força, alguns dias antes de sua morte: "Em verdade, em verdade, eu vos digo: se o grão de trigo, caindo na terra, não morrer, ficará só. Mas, se morrer, dará muito fruto" (Jo 12,24).

Paulo refere-se à mesma imagem do grão e da planta que dele nasce, não, como em João, para afirmar a necessidade da Paixão, mas para nos dar conta de nossa esperança. Se nós não morrêssemos, a terra estaria superpopulada e logo se tornaria inabitável. Mas, se nossa vida mortal não desabrochasse num futuro, qual seria o sentido de nossa fé em um Deus amor?

O amor com o qual somos amados e aquele que nós modestamente somos capazes de dar não podem de forma alguma morrer definitivamente. Um de meus amigos interrogava-se ao ver os favores de uma pessoa que era muito prestativa: "Como poderia desaparecer tanto amor?" Paulo expressa a mesma coisa, de outra forma: "Se é somente para esta vida que esperamos em Cristo, somos os mais miseráveis de todos" (1Cor 15,19).

Pouco importa como acontecerá nossa ressurreição, e sob que forma viveremos em seguida. Pouco importa, até, saber se encontraremos nossos amigos e nossos parentes. Ressuscitados, seremos plenamente nós mesmos, tais quais fomos construídos ao longo de nossa vida terrestre, e tocados por um imenso perdão. O resto é secundário. O Deus em quem acreditam os cristãos é bem capaz de encontrar as maneiras ideais para nos continuar manifestando seu amor, e para que nós sejamos plenamente felizes. Podemos dar-lhe total confiança.

Quanto a saber quando se dará nossa ressurreição, também aí os ânimos se inflamam. Será logo após nossa morte? Ou ela deverá esperar os derradeiros tempos e o juízo final? Os teólogos não têm respondido com unanimidade a essas interrogações, legítimas, mas quase insolúveis. Para lá da morte, haverá um antes e um depois? Qual será o sentido de uma situação de espera?

Aí também, ao querer demais se representar as coisas, constroem-se relatos imaginários, próximos do mito. Questionado pelos cristãos de Tessalônica, Paulo foi evasivo e se limitou, exatamente como Jesus, a afirmar que o momento do fim não pode ser predito: "Quanto aos tempos e aos momentos, não precisais que eu vos escreva; sabeis muito bem que o dia do Senhor vem como um ladrão, de noite" (1Ts 5,1-2).

As palavras mestras são: vigilância e confiança. Interrogar-nos sobre as circunstâncias não nos poderia conduzir senão a um desvio do essencial.

Uma oração

Nós nos confiamos a ti, ó Pai, com todas as interrogações que nos habitam. Muitas delas dizem respeito ao "como". A resposta é quase sempre de domínio da ciência. Mas a ciência é muda quando se trata do após-morte e dos mundos que ela não pode apreender. Dá-nos, a um tempo, a curiosidade, para prolongar os questionamentos até o fim, e a humildade de reconhecer que não existe resposta para tudo.

Concede-nos também fazer a passagem do "como" para o "por que", que nos leva a aprofundar o sentido, e nos abre à transcendência.

Robustece nossa esperança na ressurreição, mesmo que ela seja uma verdade difícil de crer. Teu Filho mostrou sua realidade, e suas testemunhas, algumas ao preço do próprio sangue, ousaram proclamar esta mensagem candente para que chegasse até nós.

Que teu Espírito desperte nossa vigilância, e nos ajude a colocar em ti nossa confiança.

Oitavo dia

TER A FORÇA DE DEUS

Pois não é a nós que pregamos, mas Cristo Jesus, o Senhor; nós não somos mais que servos vossos, por amor de Jesus. Com efeito, o Deus que disse: "Das trevas brilhe a luz!" foi quem brilhou em nossos corações, para fazer resplandecer o conhecimento da glória de Deus, que está na face de Cristo.

Mas esse tesouro, nós o trazemos em vasos de barro, para que se manifeste que esse extraordinário poder pertence a Deus e não vem de nós.

Somos oprimidos de todos os lados, mas não esmagados; angustiados, mas não desesperados; perseguidos, mas não abandonados; abatidos, mas não aniquilados. Trazemos sempre e por toda parte em nosso corpo os sofrimentos mortais de Jesus, a fim de que também a vida de Jesus se manifeste em nosso corpo. De fato, embora estejamos vivos, somos constantemente entregues à morte por causa de Jesus, a fim de que também a vida de Jesus se manifeste em nossa carne mortal (2Cor 4,5-11).

Para entender

Depois de sua primeira carta à Igreja de Corinto, Paulo viu sua legitimidade de Apóstolo ali contestada por pregadores vindos de fora, certamente partidários de uma prática mais rigorosa da lei judaica, e se julgando mais qualificados que ele para levar a mensagem evangélica. E Paulo foi informado disso.

Sua segunda carta é uma reação a essa situação. O tom é em parte o de uma autodefesa apaixonada. O Apóstolo coloca os pontos nos ii: não é a ele mesmo que ele prega, é o Senhor Jesus ressuscitado; e, para isso, não hesita em pagar com sua pessoa.

Leitura meditada

Reprova-se, às vezes, em Paulo, sua falta de modéstia. É verdade que ele não hesita em se elogiar e em reivindicar sua superioridade frente aos adversários: "Eles são hebreus? Eu também. São israelitas? Eu também. São descendentes de Abraão? Eu também. São ministros de Cristo? Vou dizer uma loucura: eu o sou mais que eles! (2Cor 11,22-23a). Isso, porém, seria mais um modo inadequado de argumentar, do que verdadeiramente orgulho. Ele tem consciência de ter sido preso por outro, o Cristo, de não mais ser independente, e de não ter outras qualidades além daquelas que recebeu através de sua fé.

Seu físico, aliás, nada tinha de um porte nobre. Ele sabia que o censuravam nesse ponto, e fala disso a seus destinatários, em tom bem vivo, nessa segunda carta aos coríntios: "Porque dizem: 'As cartas são enérgicas e severas, mas sua presença física é fraca, e sua palavra é desprezível'" (2Cor 10,10).

A imagem que ele usa, para destacar o contraste entre a qualidade da mensagem de que é portador e sua fraqueza, é eloqüente: o Apóstolo é como um vaso de barro sem valor, que contém um tesouro. Os tesouros são em geral colocados em caixas fortes ou em cofres guarnecidos de muitas chaves, condizentes com seu conteúdo e capazes de o proteger. Mas, para ele e para a maior parte dos evangelizadores, é bem o contrário. Deus ousou confiar sua mensagem a pessoas frágeis, geralmente pouco brilhantes, covardes até, como o foi são Pedro no momento da Paixão. É relativamente pequeno o risco que eles correm, em relação àquilo que anunciam.

Essa escolha de Deus, aliás, é coerente com aquela que ele fez com relação ao povo de Israel, para fazer aliança com ele, como o exprimem estas palavras saídas da boca de Moisés, no tempo do Êxodo: "Não porque fosses mais numeroso que todos os outros povos Javé se afeiçoou a ti e te escolheu; mas porque Javé te ama..." (Dt 7,7-8a).

Portador de tal tesouro, o vaso de argila sente, entretanto, que tem uma resistência com a qual ele mesmo se surpreende. Em seu apostolado, Paulo conheceu inúmeras provações e fez a experiência de sua fragilidade. Todavia, e isso era cada vez quase um milagre, sempre escapou delas sem dúvida porque o Senhor não queria que a mensagem fosse perdida. Daí, as múltiplas situações perigosas das quais escapou, e que ele enumera com certa complacência: "Cinco vezes recebi dos judeus as trinta e nove chicotadas; três vezes fui flagelado; uma vez, apedrejado; três vezes naufraguei; passei uma noite e um dia à deriva" (2Cor 11,24-25).

Numa vida tão comprometida quanto a sua, as forças da morte estão onipresentes, mas sempre cedem o passo diante de uma força maior, ou seja: a vitalidade que vem de Jesus e que possibilita permanecer de pé, enquanto tudo parece confluir para que a pessoa fique abatida.

Poucos dentre nós temos uma experiência apostólica tão rica quanto a de Paulo. Isso não impede que, em proporções menores, nós possamos experimentar a força de Deus em nós e o poder de seu Espírito. Paulo se comparou a um vaso de argila carregando um tesouro. Levado por La Fontaine, eu me comparo às vezes a um burrico carregando relíquias. E se são muitas as saudações que me dirigem pessoas desocupadas, ocorre-me dar a cada um seu troco: não estou ali por um nada, ou coisa que o valha. É o Evangelho que eu levo. E sei que minha força é a força do Espírito Santo, não a minha.

É então normal contar com ela. Faço isso espontaneamente quando sei que vou encontrar-me em uma situação difícil ou de provação, como, por exemplo, quando acontece ter de ir ao encontro de uma pessoa aflita ou gravemente doente. Antes rezo intensamente, coloco toda minha pessoa à disposição de Deus, e peço-lhe que encontre para mim palavras e gestos que convenham e sejam portadores de sua mensagem. Não sou então nada mais que seu instrumento.

O Deus amor não rejeita a quem o implora. Ele tira partido de nossa fraqueza e de nossa fragilidade.

Uma oração

Em nosso mundo, Senhor, a fragilidade não é divulgada. Ao nosso redor, tudo e todos valorizam a força, o poder, a influência. A própria educação tem a função de dar meios intelectuais, psicológicos, profissionais.

Sabemos, portanto, que aqueles meios são de pouco peso para o testemunho evangélico. Quanto mais alguém é possuidor desses meios, mais difícil é enfrentá-lo para lhe levar a mensagem. Por isso, freqüentemente tu escolhes para te servir pessoas frágeis e desarmadas.

Concede-nos que reconheçamos nossos limites sem ficarmos desanimados, e que conheçamos os limites dos outros sem os menosprezar. É o caminho da humildade autêntica.

Dá-nos permanecer em longos encontros contigo a fim de nos enchermos de tua força e de sabermos te render graças por tudo o que recebemos.

És bendito, Senhor, tu que tens um amor preferencial pelos pobres e pelos pequenos.

Nono dia

JAMAIS DESESPERAR DO PERDÃO

O amor de Cristo nos impele quando pensamos que um só morreu por todos, então todos morreram. E ele morreu por todos, a fim de que os que vivem não vivam mais para si mesmos, mas para Aquele que por eles morreu e ressuscitou.

Portanto, de agora em diante não mais conhecemos pessoa alguma de modo humano; mesmo se conhecemos o Cristo à maneira humana, agora não mais o conhecemos assim. Por conseguinte, se alguém está em Cristo, é uma nova criatura; as coisas antigas passaram, e surgiram novas.

E tudo isto vem de Deus, que nos reconciliou consigo por meio de Cristo e nos confiou o ministério da reconciliação. Pois era Deus que, em Cristo, estava reconciliando o mundo consigo, não levando mais em conta as culpas dos homens, e colocando em nossos lábios a mensagem da reconciliação. Somos, portanto, embaixadores de Cristo, e é como se Deus exortasse por meio de nós. Em nome de

Cristo, vos suplicamos: reconciliai-vos com Deus!

Aquele que não tinha experiência de pecado, Deus o fez pecado por nós, para que nele nos tornássemos justiça de Deus. E já que somos seus cooperadores, exortamo-vos a não receberdes em vão a graça de Deus. Pois ele diz: "No tempo favorável eu te atendi, e no dia da salvação te socorri". É agora o tempo favorável, é agora o tempo da salvação! (2Cor 5,14–6,2).

Para entender

Paulo não pertencia ao grupo dos Doze, mas seu papel de evangelizador lhe mereceu o título de apóstolo, um título que ele reivindicava diante de seus detratores, e que a Igreja confirmou. Quando se fala de Apóstolo com A maiúsculo, é de Paulo que se está falando. Tendo-lhe sido contestada sua qualidade de apóstolo por fomentadores de discórdia vindos a Corinto, onde ele entretanto semeara o Evangelho, em sua segunda epístola aos habitantes daquela cidade, Paulo consagra longo trecho ao ministério apostólico.

Entre as obrigações desse ministério figura a reconciliação. Não se sabe como ela era celebrada – o sacramento se desenvolveu muito, ao correr dos séculos –, mas a freqüência do tema no Novo Testamento mostra que esse era um ato importante na vida da Igreja. Ela tem tanto mais lugar na correspondência de Paulo com os cristãos de Corinto, porque estes se deixaram desviar do reto caminho e sentem necessidade de restabelecer sua relação com Paulo e com Deus.

Leitura meditada

Tendo Cristo morrido por nós, nós vivemos por ele. Estamos mortos para qualquer coisa, notadamente para aquela que em nós Paulo chama de "o velho homem", isto é, tanto o pecador notório quanto a pessoa que, da forma mais vulgar, se apega a objetos sem verdadeiro valor e resiste aos apelos vindos de Deus. Um discípulo de Cristo é uma "nova criatura". O contato com a fé assemelha-se a uma re-criação.

A lei da natureza tem então de ser superada por outra lei, que na verdade não é uma lei: a lei da graça. Nós não deixamos de ser seres físicos, mas podemos sê-lo de maneira diferente. Isso tem conseqüências sobre nosso comportamento e sobre nosso olhar.

Na vida de Paulo, a passagem da vida antiga para a nova vida aconteceu no caminho de Damasco, quando Cristo o arrebatou. Primeiro, ele conheceu Cristo "à maneira humana", como todo judeu que não o havia visto de perto e que era, sobretudo, sensível à independência que ele havia assumido em relação à Lei e ao Templo de Jerusalém. Nem ele nem seus discípulos mereciam atenção. Jesus, considerado por alguns fanáticos como o Messias de Israel, tinha sido levado à morte pelos romanos, e isso estava bem assim. Restaram alguns de seus discípulos. Era preciso fazê-los calar. Paulo tinha sido perseguidor.

Mas um dia, quando seguia para Damasco para acertar contas com os últimos discípulos desse falso Messias, Paulo foi arrebatado. Uma nova vida se abriu diante dele. Sua conversão, sua vocação, sua reconciliação – não se sabe qual o termo – foi definitiva. Ele mesmo havia se reconciliado com o Cristo. Estava, com isso, muito bem preparado para ser ministro da reconciliação, principalmente junto aos coríntios, cujas faltas eram, tudo somado, leves se comparadas às suas, que tinha sido perseguidor.

Não se é melhor ministro de alguma coisa do que quando se é o próprio beneficiado daquilo que se celebra. Todos os ministros do sacramento da reconciliação deveriam lembrar-se disso, antes de dar o perdão sacramental. Eles mesmos são, primeiro e antes de tudo, pecadores reconciliados, não censores ou juízes. Um confessor é um irmão que manifesta, em nome do Cristo, o perdão a outro irmão. Ele não pode legitimamente olhá-lo do alto.

Tendo o próprio Paulo o ponto de vista do ministro, não negligencia, todavia, o do pecador ou do penitente. Este último pode vir ao perdão com confiança, sem reservas e sem medo de ser rejeitado. O apelo que Paulo lança aos coríntios – e, através deles, a todos os pecadores – é particularmente solene: "Em nome de Cristo vos suplicamos: reconciliai-vos com Deus!"

Essa mensagem ecoa como uma boa nova aos ouvidos daqueles que se sentem tão atolados no pecado que já não contam com o perdão. Ora, o perdão divino é sempre possível. Jamais será tarde para se converter.

Muitos sacerdotes têm encontrado em seu ministério pessoas muito descrentes delas mesmas para ousar esperar um perdão: "Eu fiz muito mal. Deus não me perdoará jamais..." Esses termos, ou confissões próximas disso, são correntes. É fundamental desarmar quem assim pensa. O Deus bíblico está sempre pronto a conceder seu perdão, seja qual for a gravidade do que se fez. Releiamos a parábola do filho pródigo que, por razões puramente interesseiras, volta à casa paterna e recebe uma acolhida de rei da parte de seu pai (Lc 15). O grito lançado por Paulo é do mesmo tipo.

Ele o apóia numa citação de Isaías: "No tempo da misericórdia te escutei, no dia da salvação vim em teu socorro" (Is 49,8). Esse tempo da misericórdia não é nem a ser relegado ao passado – mesmo tendo ele sido anunciado originalmente a propósito do retorno do Exílio – nem a ser lançado para um futuro longínquo e incerto. É agora. Não há motivo para adiar.

Uma oração

Nós te rendemos graças, Senhor, pela força do perdão evangélico. Seu anúncio é tão inaudito que mal ousamos crer nele e nos deixamos soçobrar por conta de nossos pecados, como se, um a um, devessem ser reparados para que teu perdão nos atinja. Mas tua bondade é incalculável.

Dá-nos que jamais nos consideremos pecadores imperdoáveis. Inclusive quando a justiça humana deve fazer seu trabalho, existe outra justiça, a tua, que não é do tipo justiceiro. Concede-nos que jamais desesperemos do perdão, para nós mesmos e para nossos irmãos.

Bendito sejas, Senhor, Deus da graça e do perdão.

Décimo dia

AGIR EM PLENA LIBERDADE

Foi para ficarmos livres que Cristo nos libertou. Continuai, portanto, firmes, e não vos deixeis prender de novo ao jugo da escravidão. Sou eu, Paulo, que vos digo: se vos fazeis circuncidar, Cristo de nada vos servirá. De novo declaro a todo aquele que se faz circuncidar: ele está obrigado à observância integral da lei. Vós rompestes com Cristo, se estais procurando a justiça na lei; decaístes da graça. Pois, quanto a nós, é pelo Espírito, em virtude da fé, que aguardamos a justiça esperada. De fato, em Cristo Jesus nem circuncisão nem incircuncisão valem, mas só a fé que age pelo amor (Gl 5,1-6).

Para entender

Os gálatas eram um povo da mesma origem dos gauleses, instalados no centro da Ásia Menor. Seus vizinhos, alimentados pela cultura grega, consideravam-nos rudes. Ao atravessar seu território, em sua segunda viagem, Paulo teve de permanecer junto deles porque ficou doente. Eles cuidaram bem dele. Antes de partir, ele lhes anunciou o Evangelho.

Depois da partida do Apóstolo, entretanto, outros pregadores tentaram corrigir o Evangelho pregado por Paulo e impor aos gálatas a lei judaica, inclusive a circuncisão. Informado disso, Paulo redigiu-lhes uma carta, para reconduzi-los ao verdadeiro Evangelho de Cristo.

Leitura meditada

Os judeus do primeiro século utilizavam a imagem do jugo quando se referiam à lei judaica. O termo não era pejorativo. Jesus mesmo o empregou a propósito de seu ensinamento: "Tomai sobre vós meu jugo e aprendei comigo, porque sou manso e humilde de coração, e achareis descanso para vossas almas, porque meu jugo é suave, e meu peso, leve" (Mt 11,29-30).

Paulo retoma a imagem, mas insistindo no caráter constrangedor do jugo que se impõe aos animais de carga. Tornam-se escravos da lei judaica os que se submetem a seus preceitos. Ora, os discípulos de Cristo escolheram outro mestre: o Cristo. E, como dizia Jesus: "Ninguém pode servir a dois senhores" (Lc 16,13).

É preciso, pois, escolher, entre a lei judaica e Cristo. Escolha que o próprio Paulo teve de fazer: não se sujeitou à lei e procurou manter-se longe dela ao tornar-se servidor de Cristo. Com mais direito os gálatas não estão obrigados a observar os preceitos, e, entre eles, menos ainda a circuncisão, pois nem judeus são. Não implica isso que a lei judaica não tenha mais valor. Mas ela não é um código a ser observado pelos cristãos.

O que vale para a lei judaica, a mais sagrada das leis, vale, conforme Paulo, para toda lei. A moral cristã não é feita – qualquer que seja o pensamento corrente a respeito – para obediência a preceitos. É bom lembrar, a esse propósito, que Paulo, para estar mais independente das Igrejas que ele havia fundado, ganhava a vida com o trabalho de suas mãos, enquanto o próprio Jesus tinha ordenado a seus discípulos de se deixarem manter pelas pessoas junto das quais eles pregavam, "... comendo e bebendo do que vos dão, pois o operário merece seu salário" (Lc 10,7).

"É para ficarmos livres, que Cristo nos libertou." Esta frase é uma das mais fortes expressões da liberdade cristã fundamental. A única regra, que tem certo caráter de absoluto, é "a fé agindo pelo amor". Paulo, na carta aos gálatas, chama isso de "a lei de Cristo", no sentido de que o exemplo de Cristo é a única lei digna desse nome (Gl 6,2).

O princípio é fundamental. Há que se reconhecer, entretanto, que a aplicação não é fácil. As regras são estruturais, e o anarquismo é muito pouco compatível com a exigência do amor.

O que constitui a diferença mais clara entre a ética cristã e a obediência a uma lei é, parece, o fato de que, segundo o Evangelho, o bem e o mal não são delimitados por uma linha separando a direita e a esquerda, de forma que, de um lado, se encontre o bem, e, do outro, o mal. O bem não consiste em agir dentro das regras, nem o mal em contrariá-las. Ninguém é justo porque respeita a lei e repousa sobre esta segurança. A moral cristã é uma moral de apelo, um apelo a sempre melhor responder às potencialidades que Deus colocou em nós, a progredir sempre no amor. O bem, como o Reino de Deus, está sempre à frente.

O episódio evangélico que melhor ilustra essa exigência é a história do moço rico, contada pelos três evangelhos sinóticos. No momento em que encontra Jesus, esse rico, desejoso de praticar o bem, já praticava a lei com perfeição. Sua resposta a Jesus, que lhe lembrou alguns mandamentos do Decálogo, o atesta: "Mestre, tudo isso eu já guardo desde a minha juventude". Então, Jesus lança seu convite: "Falta-te apenas uma coisa: Vai, vende tudo o que tens e dá o dinheiro aos pobres, e terás um tesouro no céu. Depois, vem e segue-me" (Mc 10,20-21).

O apelo de Jesus não é um mandamento endereçado a todas as pessoas para que vendam seus bens e dêem o dinheiro aos pobres. É um convite endereçado àquele moço, tendo em conta tudo o que ele é e o que até então já fizera. Para ele, esse era o caminho do Reino. Ora, como se sabe, o moço nada respondeu e, triste, foi-se embora. Aos olhos da lei, ele não estava em falta. Portanto...

O risco de uma moral baseada na lei é que aquele que a observa pode achar-se perfeito, sem contar que também pode desprezar aqueles que não a observam. Jesus denunciou essa atitude apontando para alguns fariseus. Ele e Paulo, depois, substituíram uma moral desse tipo por uma moral que conclama toda pessoa a dar um passo a mais no caminho da exigência. Isso possibilita progredir sempre, e impede de classificar as pessoas em justas e pecadoras. Respeitar a lei não é garantia de que se é justo. O infrator não deve ser confundido com o pecador.

Toda decisão importante supõe então um discernimento. Um irmão em quem se tem confiança pode ajudar nesse ponto. Uma freqüência regular à Palavra e aos sacramentos permite ouvir o Espírito Santo e ter, na inteligência e no coração, uma sabedoria que leva a agir como homem livre, como o foram Jesus e Paulo.

Uma oração

Senhor Jesus, nossa alma e nosso coração estão muitas vezes cheios de contradições. Estamos, constantemente, desejando a liberdade. Mas, muitas vezes também ela nos mete medo, pois não sabemos como administrá-la. Com isso, somos propícios a nos refugiar sob a autoridade de algum guru ou de regulamentos, que pensarão por nós e nos ditarão o que devemos fazer.

Tu que, por tua morte e tua ressurreição, nos libertaste de toda forma de escravidão, dá-nos a coragem de querermos ser verdadeiramente livres, e a sabedoria para consegui-lo.

Concede-nos conduzir a luta pela liberdade de tantos homens e mulheres, que dela são privados.

Décimo primeiro dia

MORRER NAS ÁGUAS DO BATISMO

Que dizer, então? Ficaremos no pecado, para que a graça se multiplique? De modo algum. Se já morremos para o pecado, como continuar vivendo nele? Ou não sabeis que todos nós, que fomos batizados em Jesus Cristo, é em sua morte que fomos batizados? Pelo batismo, fomos sepultados com ele na morte, para que, assim como Cristo foi ressuscitado dentre os mortos mediante a glória do Pai, assim também nós caminhemos numa vida nova.

Pois, se fomos incorporados a ele por uma morte semelhante à sua, também estaremos incorporados a ele por uma ressurreição semelhante à sua. Ficai sabendo que nossa vida passada foi pregada na cruz junto com ele, para que fosse destruída a natureza pecadora, e assim não mais sejamos escravos do pecado; porque quem morre fica livre do pecado.

Se morremos com Cristo, cremos que também viveremos com ele, sabendo que Cristo, ressuscitando dentre os mortos, não morre mais e a morte não tem mais domínio sobre ele. Porque, morrendo, ele morreu para o pecado uma vez para sempre; mas, vivendo, ele vive para Deus.

Assim, também vós, considerai-vos mortos para o pecado, mas vivos para Deus, em Cristo Jesus (Rm 6,1-11).

Para entender

A carta aos romanos, a mais longa e a mais bem elaborada das epístolas paulinas, mostra uma convicção central para Paulo: é Deus que torna justo, e essa justiça nos foi conquistada pela morte e ressurreição de Jesus, e nós dela nos apropriamos por meio da fé. Quanto maior o pecado dos homens, maior a intervenção da graça divina. Uma afirmação resume esse paradoxo: "Lá onde o pecado se multiplicou, a graça superabundou" (Rm 5,20). Vê-se logo o partido que os espíritos do mal podem tirar disso: seria então necessário permanecer o máximo no pecado para que a graça agisse com mais vigor?

A resposta de Paulo é categórica: "Absolutamente, não". Em apoio de seu raciocínio, ele adianta um argumento tirado do rito do batismo. Pelo batismo, morre-se com Cristo e morre-se ao pecado. Sai-se, então, teoricamente, da esfera de influência do pecado.

Leitura meditada

O elemento principal do rito do batismo é a água. Seu simbolismo é muito rico. A água purifica: pelo batismo, a pessoa é lavada do pecado e de todas as suas impurezas. A água sacia e permite a vida: pelo batismo, entra-se na vida espiritual e no grupo encarregado de transmiti-la: a Igreja.

Mas a água tem também outro significado, do qual se tem a tendência de esquecer, até que uma catástrofe da natureza o lembre com violência: a água mata. Jesus se utilizou desse valor simbólico, e Paulo o retomou. Etimologicamente falando, "batizar" quer dizer "mergulhar". Jesus perguntou a Tiago e a João, que pretendiam bons lugares no seu Reino: "Sois capazes de beber o cálice que vou beber o de ser batizados com o batismo com que vou ser batizado?" (Mc 10,38). Era sua morte violenta que ele evocava através das imagens do cálice de amargura e do batismo.

Paulo afirma de forma semelhante: *"Todos nós, que fomos batizados em Jesus Cristo, é em sua morte que fomos batizados"*. E para marcar bem que isso não é um simulacro de morte, ele reforça a imagem de morte com a imagem do sepultamento: "Pelo batismo fomos sepultados com ele na morte".

Entre os muitos significados do sacramento do batismo, existe portanto este aqui: o batismo é uma passagem pela morte, morte com o Cristo que morreu por nós e nos arrasta no impulso da Paixão e da Ressurreição. É certo que ele desabrocha sobre a vida, mas seria pouco honesto ocultar o momento da morte.

Em que e para que o batizado morre? O que Paulo evoca em primeiro lugar é o pecado. É "nosso velho homem" que foi crucificado com Jesus. O batizado, se é um adulto ou uma criança já em idade escolar, decide tirar o pecado de sua vida. É certo que novamente ele cairá no pecado. Mesmo o santo peca sete vezes no dia, diz o adágio popular. Mas, tanto quanto lhe for possível, ele tentará evitá-lo. O programa é exigente.

Outra maneira de morrer em coerência com seu batismo é não procurar em primeiro lugar preservar sua vida, mas arriscá-la pelos outros, como fez Jesus: "Aquele que quiser salvar sua vida vai perdê-la; mas quem perder a vida por causa de mim e do Evangelho, este a salvará" (Mc 8,35). A vida cristã é inteira habitada pela ação pascal: não se vai da vida à Vida pelos caminhos mais curtos e agradáveis. O discípulo é convidado a seguir seu mestre pelo caminho do despojamento e do perigo, para ser por ele atraído para a estrada que leva à ressurreição.

Esse significado do batismo não diz respeito só ao batizado. A Igreja, que mergulha suas raízes no sangue dos mártires e que administra o batismo, deve ela também ser habitada pela ação pascal: se ela procura, friamente, se salvar; se ela não se lança nas lutas pelo homem e por Deus, arriscando-se a ter perdas, está condenada à esclerose, à insignificância, e morre em fogo lento. Ela deve lembrar-se disso quando é tentada a agir de forma prudente demais.

Outra dimensão do mergulho na morte, quando o batismo que se celebra é de uma criança, diz respeito aos pais. Ao apresentar o filho ao batismo, eles declaram que seu filho é filho de Deus antes de ser seu, e abandonam qualquer pretensão de exclusividade paternal. O despojamento batismal, do qual a criança não tem consciência, é então vivido, como por procuração, por seus pais. Assim, o batismo de uma criança, se é seguramente uma festa, não é apenas uma celebração alegre e displicente ao redor dela. Sem com isso dramatizar, é preciso lembrar que se trata de um ato grave e intenso.

Nós que somos batizados somos todos os anos convidados a renovar o compromisso de nosso batismo: isso acontece dentro da noite pascal, no momento em que se celebra com Cristo que a vida segundo o Evangelho é uma vida doada. Quem não é batizado, e se prepara para o ser, deve estar consciente das mortes pelas quais se fará passar.

Uma oração

Nossa Páscoa imolada és tu, Senhor Jesus. Tu nos mostraste que o caminho da morte e da ressurreição é o caminho da vida verdadeira. Dá-nos inscrever nossa vida na ação pascal, sem temer por ela.

Concede à Igreja que sempre viva mais profundamente a exigência batismal, e se arrisque nas lutas da humanidade, quando os direitos do homem ou os de Deus estão ameaçados.

Nós te pedimos pelos que se preparam para o batismo e pelos pais que para ele apresentam uma criança. Que sua atitude seja a de verdadeira renúncia ao pecado e de despojamento autêntico.

Décimo segundo dia

ESTAR SEGURO DA VITÓRIA

Diante disso, que vamos dizer? Se Deus é por nós, quem será contra nós? Ele, que não poupou seu próprio Filho, mas o entregou por nós todos, como não nos daria tudo junto com ele? Quem vai acusar os que Deus escolheu? Deus, que os justifica? Quem vai condenar? O Cristo Jesus, que morreu; mais ainda, que foi ressuscitado e está à direita de Deus e intercede por nós? Quem vai nos separar do amor de Cristo? A tribulação, a angústia, a perseguição, a fome, a nudez, o perigo, a espada? Como está escrito: "Por tua causa nos matam o dia todo; somos tratados como ovelhas de corte".

Mas em tudo isso somos mais que vencedores, por meio daquele que nos amou. Tenho certeza, de fato, de que nem a morte, nem a vida, nem os anjos, nem os principados, nem o presente, nem o futuro, nem os poderes, nem a altura, nem a profundeza, nem outra criatura qualquer poderá nos separar do amor de Deus que está em Cristo Jesus, nosso Senhor (Rm 8,31-39).

Para entender

Na retórica antiga, era hábito terminar um discurso com palavras enfáticas, que retomavam os principais argumentos expressos anteriormente pelo orador. Chamava-se a isso de peroração. Paulo freqüentemente respeita essa prática. Com essas palavras inflamadas, e em tom épico, ele conclui os oito primeiros capítulos de sua carta aos romanos.

A citação feita ali no meio é extraída do salmo 44, versículo 12, um lamento nacional por causa de uma derrota militar de Israel. Ela aparece como ilustração de uma lista de males aos quais uma pessoa pode estar exposta. Mas a vitória de Cristo sobre a morte exclui da perspectiva cristã toda derrota definitiva.

Leitura meditada

O texto fala por si. Quem poderá, depois de lê-lo, afirmar ainda que Paulo é pessimista? Ele leva o leitor a um arrebatamento ao qual é difícil de resistir, um arrebatamento alimentado pelo amor imenso que Deus nutre por sua criação, e manifestado de forma eminente pela aceitação de ver seu Filho injustamente levado à morte sobre o Gólgota. Mas o Pai o restituiu à vida. Esse acontecimento, dado lá pelo ano 30 de nossa era, é o centro da esperança humana. Ele garante que, acima dos fracassos temporários ou aparentes, toda pessoa está destinada a viver unida a Deus na plenitude da felicidade.

Será isso entusiasmo, simplesmente? Tenta Paulo se convencer usando um método auto-sugestivo? É normal que o leitor experimente desconfiança diante de um discurso que lhe pode parecer encantador e pomposo. Mas, se quem assim fala experimentou na própria carne as vitórias das quais se faz arauto, ele está, mediante isso, qualificado a falar. Melhor, ele convida seu leitor ou ouvinte a fazer, por si mesmo, a descoberta das vitórias que já teve e das quais talvez não esteja suficientemente consciente.

O primeiro acontecimento em que Paulo experimentou o amor divino é, incontestavelmente, seu encontro com o Ressuscitado no caminho de Damasco. Ele o evoca na carta aos gálatas, ao designar Deus com uma perífrase que deixa claro quanto esse encontro foi determinante para tudo o que veio depois: *"Aquele que me separou desde o seio materno e me chamou por sua graça dignou-se revelar em mim seu Filho, para que eu o proclamasse entre os pagãos"* (Gl 1,15-16). O judeu zeloso da Lei, enfurecido contra os discípulos de um falso profeta pretensamente ressuscitado, tornou-se apóstolo desse Ressuscitado pela revelação com que foi favorecido, e é todo o programa de sua ação apostólica, que lhe foi traçada naquele dia: anunciar o Ressuscitado entre os pagãos.

Era tal a missão que, mais tarde, durante uma parada na ilha de Chipre, segundo os Atos dos Apóstolos, Paulo decidiu mudar de nome: abandonou Saul, seu nome judeu, homenagem ao primeiro rei de Israel que, como ele, pertencia à tribo de Benjamim, para se fazer chamar por um apelido de inspiração latina, Paulus (Paulos, em grego), que significa "pequeno" (At 13,9). A partir de então, é um homem pequeno e fraco que vai lutar contra uma montanha: anunciar Jesus ressuscitado pelas cidades do Império romano. O objetivo parecia inatingível, as dificuldades surgirão em quantidade, mas serão vencidas uma a uma.

Era preciso, antes de tudo, que Paulo se fizesse aceitar pela Igreja de Jerusalém, e isso não foi fácil. Ele lembra, também na carta aos gálatas, o seu encontro com Pedro e, depois, com Tiago, o irmão do Senhor, que tinham, um e outro, razões de sobra para desconfiar desse exaltado, até recentemente um perseguidor.

Em seguida, começaram as viagens missionárias, marcadas pelas dificuldades materiais que já conhecemos. Mas, o mais duro não foi isso: fala-se de uma maneira amena da angústia que Paulo teve de provar nos embates travados nas grandes metrópoles, nas quais tudo estava por fazer. Imaginemos Paulo chegando a Corinto, onde havia uma pequena comunidade judia que lhe poderia talvez servir de apoio, e, de resto, centenas de milhares de habitantes muito ocupados, que nada tinham a fazer com Jesus nem com a ressurreição. Como encarar isso? Que esperança de consegui-lo com suas próprias forças?

E, no entanto, dois anos mais tarde, a Igreja de Cristo existia ali, feita de judeus e não-judeus, um êxito incontestável de seu zelo apostólico. Em cada cidade, e de uma cidade para a outra, não faltaram nem angústias, nem perseguições, nem perigos. Mas o resultado estava lá, o que lhe permitia interrogar-se: "Se Deus é por nós, quem será contra nós?" O amor de Deus o acompanhou ao longo de toda a sua empreitada.

Depois de Paulo, cada um está convidado a reler, por sua própria experiência, os momentos em que o amor de Deus o tirou de um mau pedaço: uma doença da qual se saiu bem, física ou psicologicamente; um perigo do qual se escapou; uma tentação de abandono à qual finalmente não se cedeu.

De minha parte, tenho consciência de ter sido protegido quando me achei em situação delicada ou quando cometi imprudências. Tenho sido muitas vezes tentado a cruzar os braços diante de dificuldades que me pareciam intransponíveis, e, no entanto, consegui vencê-las. E cada vez que tenho ido à frente, tenho provado quanto o amor de Deus me carregou. Se não tenho a ousadia de empregar para mim o termo "vitória", forçoso me é reconhecer que esse sustento me possibilitou – até aqui, ao menos – não sentir tão duramente os fracassos e jamais desesperar: nada me pode separar do amor que Deus manifestou em Jesus Cristo, nosso Senhor.

Uma oração

Para fazer desse texto uma oração, basta tomá-lo e direcioná-lo a Deus, dizendo "tu" toda vez que ele é nomeado: "Que mais vamos dizer?

Se *tu* és por nós, quem será contra nós? *Tu*, que não poupaste *teu* próprio Filho, mas o entregaste por todos nós, como poderias *tu*, com ele, não nos dar tudo? Quem acusará os que *tu* escolheste? – És *tu* que tornas justo!" (E assim por diante...)

Décimo terceiro dia

UNIR-SE A ISRAEL

Digo a verdade em Cristo, não estou mentindo, e disto me dá testemunho minha consciência no Espírito Santo: sinto grande tristeza e dor sem fim em meu coração.

Pois eu mesmo desejaria ser anátema, separado de Cristo em favor de meus irmãos, de meus parentes segundo a carne, que são os israelitas. A eles pertencem a adoção filial, a glória, as alianças, a legislação, o culto, as promessas; a eles pertencem os patriarcas e deles descende segundo a carne o Cristo que é, acima de todas as coisas, Deus bendito para sempre! Amém (Rm 9,1-5).

Para entender

Paulo acaba de desenvolver uma longa argumentação na carta aos romanos, tomado pela convicção de que a morte e a ressurreição de Jesus abriram um novo período na história religiosa do mundo. Ele anunciou isso assim: "Mas agora, sem a Lei, manifestou-se a justiça de Deus, testemunhada pela Lei e pelos Profetas;

é a justiça de Deus pela fé em Jesus Cristo, destinada a todos os que crêem" (Rm 3,21-22). A questão se coloca então naturalmente: que acontecerá com Israel, povo da lei e da aliança? Paulo coloca a questão e lhe dedica três capítulos de sua epístola, do nono ao décimo primeiro.

Para ele, a questão não é apenas teórica. Ele é judeu em todos os músculos de seu corpo, e solidário ao povo ao qual pertence. O fato de os judeus, em sua maioria, não terem aderido à fé em Jesus Cristo é para ele um drama, um sofrimento real. Daí o tom patético que ele utiliza para introduzir esses três capítulos.

Leitura meditada

Estas poucas linhas são um grito. É por uma fórmula parecida com um juramento que Paulo proclama sua tristeza. Ele apela ao Cristo e ao Espírito Santo, como testemunhas de sua boa fé. Descobre-se aqui, além do apóstolo comprometido e do teólogo intelectual, um homem de coração que não receia demonstrar seus afetos. Não é mais a inteligência que fala, é a emoção, quase... as entranhas!

Deve ser posto em destaque o tom pessoal e dramático da passagem, num tempo em que o cristianismo é percebido como uma religião intelectual e burguesa, longe da vida cotidiana e dos sentimentos. Ora, numa obra tão elaborada como a carta aos romanos, a afetividade tem seu lugar. A fé diz respeito a toda a pessoa: a sensibilidade, o senso estético, as dores e as alegrias. Quando uma realidade teológica, moral ou dogmática nos parece difícil de aceitar, tem-se todo o direito de gritar.

A força do grito de Paulo não pode, portanto, deixar de ecoar. Ele confessa que aceitaria ser maldito (literalmente: anátema) e separado do Cristo em favor de seus irmãos de raça. Como é possível isso? Não construiu ele toda sua vida no amor ao Cristo e no desejo de fazê-lo conhecido? E que será que teria acontecido aos judeus se Paulo fosse condenado?

Guardadas todas as proporções, pode-se fazer um paralelo com a pequena Teresa de Lisieux, que envidou todas as suas forças espirituais pela causa de um criminoso do qual ela havia intuído a condenação à morte, fazendo subir sua prece ardente por sua conversão e aceitando a eventualidade de ser condenada em seu lugar, se essa troca com Deus pudesse salvar seu protegido.

Engajar-se por um caminho que parece ser o bom, "com o risco de se perder", é afinal uma atitude recomendada por Jesus: "Aquele que quiser salvar sua vida vai perdê-la; mas quem perder a vida por causa de mim e do Evangelho, este a salvará" (Mc 8,35). Certamente, aceitar ser maldito ou condenado pela salvação de outro não implica que necessariamente isso acontecerá; Deus é capaz de fazer justiça a cada um. Mas é a expressão de um comprometimento total por uma causa. E a causa de Israel, o povo da aliança e da promessa, vale tudo isso.

Que alguém seja judeu – como Paulo o era – ou não, o que ele escreve conduz o leitor a reavivar sua consciência sobre tudo o que Deus concedeu ao povo eleito. A enumeração é eloqüente: a adoção, a glória, as alianças, a lei, o culto, as promessas, os patriarcas, e mesmo o Cristo – tudo, simplesmente, poder-se-ia ousar dizer. Jesus, como Paulo, era judeu. Todos os outros, ou quase todos, do Novo Testamento, eram judeus (há dúvida com relação a são Lucas). Um cristão lúcido deveria reconhecer tudo o que ele deve às raízes judaicas de sua fé. Pio XI, no momento da ascensão do nazismo, recordou a toda a Igreja: "Espiritualmente, nós somos semitas".

Não só o anti-judaísmo e o anti-semitismo são inaceitáveis para um cristão, como ele não pode fugir do fato de que Israel é o povo que Deus escolheu para se fazer conhecer pela humanidade, e que essa eleição não termina em Jesus Cristo. A Igreja não é o novo Israel. A Escritura cristã não se reduz ao Novo Testamento: é constituída da Bíblia toda, inteira, Antigo (há quem prefira dizer: Primeiro) e Novo Testamento.

Convém que os cristãos conheçam toda a Bíblia, e que leiam a Escritura judaica como os judeus a lêem ainda, não somente procurando discernir os anúncios proféticos do Cristo e de sua missão. É lamentável, a esse propósito, que tantos cristãos conheçam tão mal o judaísmo e a oração judaica, tanto quanto é lamentável que o Estado hebreu se desqualifique com atitudes tão distantes do acolhimento benevolente do estrangeiro em sua terra, acolhimento sobre o qual a Tora tanto insiste.

Judeu tornado cristão como Paulo, embora mais cedo em sua vida, o cardeal Lustiger tinha previsto para suas exéquias a recitação do Kaddish*, uma das grandes orações dos judeus, que não deixa de ter certo parentesco com o Pai-nosso. Com efeito, esse texto foi lido por seu primo, Arno Lustiger, dia 8 de agosto de 2007, uma quarta-feira, no adro da Notre-Dame de Paris, ao lado do caixão. É um bom exemplo da convicção lembrada com emoção por Paulo: Israel é o res-

---

* N.T.: Segundo o Dicionário Enciclopédico das Religiões, Ed. Vozes, Petrópolis, 1995, Kadish – grafado com um d –, em hebraico, significa consagração, oração na qual é reiterada a Santidade de Deus e de seu Reino.

to do povo eleito. Judeus e cristãos podem rezar juntos. E o fato de que a grande maioria dos judeus está privada das riquezas do Evangelho não deveria deixar nenhum cristão indiferente.

Uma oração: o Kaddish

Que seja engrandecido e santificado seu grande Nome no mundo que ele criou segundo sua vontade; e que ele estabeleça seu reino em vossa vida, em vossos dias e na vida de toda a casa de Israel, logo e no tempo próximo. Amém!

Que seu grande Nome seja bendito para sempre e de eternidade em eternidade!

Que seja bendito e celebrado, glorificado e exaltado, elevado e honrado, engrandecido e louvado o Nome do Santo, bendito seja ele! Ele que está acima de toda bênção e de todo cântico, de todo louvor e de toda consolação que são proferidos no mundo. Amém!

Que as orações e súplicas de todo Israel sejam acolhidas por seu Pai que está nos céus. Amém!

Que a plenitude da paz nos venha dos céus, assim como a vida, para nós e para todo Israel. Amém!

Que Aquele que estabelece a paz nas alturas a estabeleça sobre nós e sobre todo Israel. Amém!

Décimo quarto dia

VIVER A PLURALIDADE NA IGREJA

Acolhei quem é fraco na fé, sem criticar seus escrúpulos. Um acha que pode comer de tudo, ao passo que outro, sendo fraco, só come verduras. Quem come de tudo não despreze quem não come, e quem não come não julgue aquele que come, pois Deus o acolhe igualmente.

Quem és tu para julgar um servo que não é teu? Se ele fica de pé ou cai, isto interessa a seu patrão; aliás, ele ficará de pé, pois o Senhor tem poder para sustentá-lo.

Há quem prefere um dia a outro; e há quem os considera todos iguais: cada qual procure fundamentar sua idéia. Quem distingue os dias é para o Senhor que os distingue; e aquele que come é para o Senhor que come, e dá graças a Deus. E quem não come é para o Senhor que se abstém, e dá graças a Deus.

De fato, nenhum de nós vive para si mesmo e nenhum de nós morre para si mesmo. Pois, se vivemos, é para o Senhor que vivemos; se morremos, é para o Senhor que morremos. Quer vivamos, quer morramos, pertencemos ao Senhor. Foi por isso que Cristo morreu e retornou à vida: para ser o Senhor dos mortos e dos vivos (Rm 14,1-9).

Para entender

A diversidade entre os cristãos de Roma, principalmente entre judeus e não-judeus, criava tensões no interior da Igreja local. Em nome de sua pertença ao judaísmo, alguns comiam Kasher*, às vezes vegetariano, e celebravam certas festas. Outros, em nome de uma fé liberal, que nada tinha a ver com bizarrices alimentares, comiam de tudo sem problemas. Era difícil, em tais condições, de se assentar à mesma mesa. Evidentemente, cada um reivindicava a excelência de sua posição, desprezando aquele que pensava diferente.

Artífice da unidade, Paulo tenta ajudar seus destinatários a passar por cima dessas divisões. Uma simples questão alimentar e ritual é para ele ocasião de conduzir a uma reflexão de magnitude sobre a vida na Igreja.

---

* N.T.: Limpo, apropriado para comer. Cf. op. cit.

Leitura meditada

Numa comunidade cristã digna desse nome, importa acolher "aquele que é fraco na fé". Essas situações existem, se bem que delas não sejamos árbitros. Pensa-se nas pessoas que são vistas como marginalizadas: os catecúmenos, os estrangeiros, os adultos batizados que descobrem a fé cristã, os homens e as mulheres cuja situação conjugal os exclui dos sacramentos, os novos, recém chegados de outro grupo... São eles verdadeiramente acolhidos como em família na Igreja de Jesus Cristo? Tanto o fraco quanto o forte, "Deus o acolhe igualmente", lembra Paulo. Fazer o mesmo é um dever.

Ora, quando se faz parte de grupos paroquiais, é comum encontrar ali pessoas mais pobres, que não ousam misturar-se aos grupos constituídos. Então, os freqüentadores assíduos da paróquia, com muita destreza, vão de um a outro falando de novidades mais amenas, que não têm necessariamente muita relação com a vida eclesiástica. Na Igreja, como em toda parte, os que pensam diferente da maioria ou que vêm de outros lugares têm dificuldade de encontrar seu posto. "As pessoas honestas não gostam que se tome um caminho diferente do delas", cantava Georges Brassens. Por conta disso, muitos paroquianos fazem parte dessas "pessoas honestas" conformistas, mesmo os que se consideram abertos. Como os demais, também os grupos cristãos são ameaçados pelo pensamento único.

A Igreja não é um clube. Não temos de a construir de acordo com nossos gostos. Cada um ali é servidor de um só mestre, o Cristo. É ele a cabeça. É a ele que cada um terá de prestar conta. Na primeira carta aos coríntios, Paulo salientava que as diferentes funções eclesiais não têm como conseqüência superioridades ou inferioridades: "Sem dúvida, os dons são diferentes, mas o Espírito é o mesmo. Os serviços são diversos, mas o Senhor é o mesmo. As atividades são distintas, mas é o mesmo Deus que realiza tudo em todos. A cada um é dada a manifestação do Espírito para a utilidade de todos" (1Cor 12,4-7).

Pode-se falar a respeito igualmente de diferentes situações ou de diferentes sensibilidades. Convém que cada um tenha "clareza em sua própria opinião", lembra Paulo, quer dizer, deve refletir sobre ela, fundamentá-la, não se deixar levar pelo capricho de fantasias nem se aferrar em um imobilismo rígido. E uma vez que isso está assegurado, nenhuma posição merece ser subestimada; ela tem a ver com a história da pessoa, com sua educação ou outros fatores. A pluralidade é uma palavra mestra na vida eclesial. "Todo homem é uma história sagrada", diz uma canção. O amor do irmão implica respeitar seu mistério.

Na Igreja, que tudo se faça *"pelo Senhor"*. É por ele que nós comemos, que nós bebemos, que nós vivemos, que nós morremos. Ele é o termo e a meta de tudo. Ali está sem dúvida a chave da tolerância e da abertura que deveríamos ter entre cristãos. Tudo vale ser feito *"pelo Senhor"*, pois o próprio Deus tudo fez por nós em Jesus Cristo: por nós ele se encarnou, por nós aceitou a morte, para que tenhamos a vida ele ressuscitou. Uma vez que Deus nos amou primeiro, tudo fazer por ele e entrar em seu desígnio de bondade por suas criaturas nada mais é que justa retribuição.

Isso não exclui, evidentemente, que tenhamos de gerir as coisas da terra: trabalhar, ter filhos, praticar lazer, visar, em uma palavra, objetivos mais limitados que Deus, nosso objetivo último. O Deus que se encarnou não nos manda que nos desencarnemos. Portanto, se é normal e bom ter os pés sobre a terra, a fé deveria ter como conseqüência que caminhemos também com a cabeça nos céus, tendo no espírito e no coração os projetos de Deus sobre o mundo, e ajustando nossos próprios projetos aos seus.

Se, na Igreja, assim vivem os crentes sua fé, ninguém duvida que eles passarão por cima de mesquinharias que levam a supervalorizar detalhes e a facilmente condenar. "Na casa de meu Pai há muitas moradas" (Jo 14,2), disse Jesus. O respeito às diferenças fundamenta-se na vontade de, juntos, morar nessa casa.

Uma oração

Nós te rendemos graças, Senhor, por teu amor que precede o nosso. Amor que manifestaste a nós em Jesus Cristo. Nele, tudo fizeste por nós. Nós te rendemos graças por tua Igreja, que nos faz conhecer esse amor.

Tu és a fonte de tudo. Nós queremos a isso corresponder considerando-te também como nosso objetivo, nossa meta, nosso fim.

Concede aos cristãos a graça de corresponder a esse amor com a prática de tolerância e de abertura uns diante dos outros. Que eles sejam um povo de irmãos; e sejam, assim, mensageiros do Evangelho e da tua paz.

Décimo quinto dia

IMITAR PAULO

Alegrai-vos sempre no Senhor! Mais uma vez eu digo: alegrai-vos! Vossa bondade seja conhecida de todos. O Senhor está próximo!

Não vos inquieteis com nada, mas em toda necessidade apresentai a Deus vossos pedidos com orações, súplicas e ações de graças. E a paz de Deus, que ultrapassa toda compreensão, guardará vossos corações e vossos pensamentos, em Cristo Jesus.

Enfim, irmãos, ocupai-vos com tudo o que há de verdadeiro, nobre, justo, puro, amável, louvável, virtuoso e recomendável. Ponde em prática o que aprendestes, recebestes, ouvistes e observastes em mim. Então, o Deus da paz estará convosco (Fl 4,4-9).

Para entender

Paulo fundou a Igreja de Filipos, cidade da Macedônia, durante sua segunda viagem, e manteve relações muito cordiais com a comunidade cristã dessa modesta cidade. É a única da qual aceitou que o mantivesse financeiramente.

No final de uma breve carta de apenas quatro capítulos, que foi talvez composta de vários bilhetes reunidos posteriormente, em poucas frases ele resume o programa de uma vida segundo o Evangelho. O calor do tom se explica pela estreiteza de laços com os filipenses.

Leitura meditada

O convite à alegria é aqui mais marcante do que na primeira epístola aos tessalonicences (1,16; ver nosso *primeiro dia*); Paulo o repete e insiste. As pessoas boas são alegres, parece, e sua alegria é o sinal de sua bondade. A ligação entre as duas – alegria e bondade – merece ser meditada. "Um santo triste é um triste santo", tem-se o costume de dizer. Isso lembra a irônica observação de Nietzsche, que achava que os cristãos, pregadores da salvação, deveriam antes dar o ar de que estavam salvos. E isso nos interroga quando nos deixamos ir mostrando uma triste figura, resmungona, de choramingas.

Um dos motivos dessa alegria – mas há outros – é a proximidade do Senhor. Não só uma proximidade no tempo, pois não tardará seu retorno. Mas porque o Senhor é por excelência aquele que se fez próximo e continua próximo, concedendo a cada um uma companhia que nunca deixará faltar. No evangelho de João, Jesus anuncia: "Eu sou o caminho, a verdade e a vida" (Jo 14,6). Ora, que haverá de mais próximo de nós, permanentemente, do que o caminho sobre o qual caminhamos? A proximidade do Senhor é, a um tempo, motivo de alegria e motivo de confiança.

Essa confiança é o terreno do qual nossa oração tira sua seiva. Nada fundamentalmente mau nos pode acontecer, pois Deus nos ama. O que não exclui que se possa endereçar a Deus orações de súplica, como Jesus lembrava a seus discípulos e ao povo: "Pedi e recebereis; buscai e achareis; batei e a porta vos será aberta" (Mt 7,7).

Entretanto, oração e súplica devem ser feitas "com ações de graças". Não se pede a Deus para extirpar qualquer coisa, como um senhor vingativo e distante. Dirigir-lhe uma oração de súplica é, antes do mais, reconhecer tudo o que ele já concedeu, e que é garantia de seus dons futuros. O pedido é um pedido de filho, não um pedido de escravo possuído pelo medo de nada receber. Assim, a falta ou a necessidade em que se pode estar não exclui a paz interior, uma paz em plenitude.

Esse clima é favorável à eclosão de uma vida ética exigente. A lista de adjetivos indica o programa que o crente se deve propor, fazendo brilhar seus aspectos: o programa é o verdadeiro, o nobre, o justo, o puro, o agradável, o bom... é o mesmo que colocar um programa elevado demais para que seja realizado. Sabemos perfeitamente que somos incapazes de viver nesse nível, que as negligências, as limitações e o pecado virão para estragar qualquer coisa. Mas, pouco importa: é um horizonte. Saber que o caminho está semeado de armadilhas não deve impedir que os objetivos sejam colocados no alto.

Levar em conta essas qualidades não é, aliás, apenas a gente mesmo as praticar. É também saber vê-las e apreciar nos outros. Uma das melhores hipóteses para explicar o que os evangelhos chamam de blasfêmia contra o Espírito Santo (Mc 3,29) é sem dúvida a incapacidade de reconhecer o bem quando ele é praticado em algum lugar: sujar tudo, maldizer tudo, não ver senão o mal por toda parte. Com tais disposições, como poderia alguém se abrir ao perdão, que é expressão do amor? Inversamente, as pessoas que são capazes de identificar o bem lá onde ele se encontra e de mostrá-lo com benevolência, não somente são felizes, mas fazem felizes os que lhes estão ao redor. É a isso que Paulo convida seus destinatários.

Ao final dessa passagem, Paulo ousa dar-se a si mesmo como exemplo. E não é esta a primeira vez nem a única. Já se pode ler na primeira carta aos coríntios: "Sede meus imitadores, como eu o sou de Cristo" (1Cor 11,1). Isso nos choca? Não temos razão. O que colocamos sob o nome de "modéstia" quase sempre é antes a falsa modéstia.

Se Paulo não fosse ele próprio imitador do Cristo, sua proposta não seria, evidentemente, senão orgulho mal colocado. Se "imitar" significa "imitar servilmente", ele seria um estúpido. Cada pessoa é única, as circunstâncias variam conforme o tempo e o lugar, e ninguém tem necessidade de reproduzir os gestos de outros. Mas, para o Apóstolo, o que merece ser imitado é a maneira como ele está plenamente comprometido com sua fé, a ponto de ser, às vezes, desgastante por sua insistência a esse respeito.

Ele era santo, não era perfeito no sentido humano do termo. Os dois termos não devem ser confundidos, salvo quando Jesus proclama: "Sede perfeitos como vosso Pai celeste é perfeito" (Mt 5,48). Tal perfeição ninguém se arrisca a imitar! Nós também temos de ser santos, com o quinhão de imperfeições que nos está colado à pele. Paulo nos mostrou isso. Nós podemos agradecê-lo e escorar nossa oração na sua.

Ação de graças pelo apóstolo Paulo

Nós te rendemos graças, Senhor, por Saul de Tarso, teu servidor, judeu de nascença como teu próprio Filho Jesus.

Nós te rendemos graças por tua ação nele, a maneira pela qual lhe revelaste Jesus ressuscitado, no caminho de Damasco, um acontecimento que o habitou durante toda sua vida.

Nós te rendemos graças pelo homem que ele veio a se tornar sob a ação de teu Espírito: Paulo o fraco, o frágil, e, no entanto, o testemunha corajoso, o viajante infatigável, o irmão exigente, o apóstolo dos não-judeus.

Nós te rendemos graças pelos escritos que nos deixou, de acesso às vezes difícil, mas de uma riqueza tal que uma vida inteira de estudo e de meditação não a esgotaria.

Concede-nos, Senhor, ser seus imitadores, e que, assim, vivamos em tua paz. Amém.

INDICAÇÕES BIBLIOGRÁFICAS

Os livros sobre Paulo são legião. Recomendamos três títulos recentes: o primeiro, para uma iniciação sobre Paulo; o segundo, escrito por nós mesmo; e o terceiro, sobre a oração conforme os escritos de Paulo:

MARGUERAT, Daniel, *Paul de Tarse, un homme aux prises avec Dieu,* éditios du Moulin, Poliex-le-Grand, Suisse, 1999.

QUESNEL, Michel, *Paul e les commencements du christianisme,* éditions Desclée de Brouwer, Paris, 2001.

TASSIN, Claude, *Saint Paul, un homme de prière,* éditions de l'Atelier, Paris, 2003.

INDICAÇÕES PRÁTICAS

Textos bíblicos

Os textos bíblicos foram tirados da *Bíblia de Aparecida,* edição da Editora Santuário, Aparecida, 2006; tradução dos textos originais feita pelo missionário redentorista, Pe. José Raimundo Vidigal.

**Abreviaturas
dos livros bíblicos**

1Cor = Primeira carta aos coríntios
2Cor = Segunda carta aos coríntios
1Jo = Primeira carta de São João
1Ts = Primeira carta aos tessalonicences
2Tm = Segunda epístola a Timóteo
At = Atos dos Apóstolos
Dt = Livro do Deuteronômio
Gl = Carta aos gálatas
Is = livro de Isaías
Jo = Evangelho segundo São João
Jr = Livro de Jeremias
Lc = Evangelho segundo São Lucas
Mc = Evangelho segundo São Marcos
Mt = Evangelho segundo São Mateus
Fl = Carta aos filipenses
Rm = Carta aos romanos

ÍNDICE

Introdução 5
De perseguidor a testemunha 9

1. O fundamento da oração cristã 17
2. Orar sem cessar 23
3. Render graças pelos outros 29
4. Viver o tempo de outra forma 35
5. Partilhar a vida na eucaristia 41
6. Doar-se ao amor 47
7. Ousar crer em nossa ressurreição 53
8. Ter a força de Deus 59
9. Jamais desesperar do perdão 65
10. Agir em plena liberdade 71
11. Morrer nas águas do batismo 77
12. Estar seguro da vitória 83
13. Unir-se a Israel 89
14. Viver a pluralidade na Igreja 95
15. Imitar Paulo 101

Indicações bibliográficas 107
Indicações práticas 108